Caspar Arnold

Einfältige Leichsermon, welche bei ansehlicher und volkreicher Begräbnis am 10. November 1664 beigesetzt worden ist

Caspar Arnold

Einfältige Leichsermon, welche bei ansehlicher und volkreicher Begräbnis am 10. November 1664 beigesetzt worden ist

ISBN/EAN: 9783743624245

Hergestellt in Europa, USA, Kanada, Australien, Japan

Cover: Foto ©ninafisch / pixelio.de

Weitere Bücher finden Sie auf **www.hansebooks.com**

Der Text folgender Leich-Sermon
ist genommen aus dem Evangelisten
Luca cap. 2. v. 30.
also lautend:
Meine Augen haben deinen Heiland gesehen.

Eingang.

Sprach der weise Haußlehrer/ Gottes Geliebte / lässt sich im 37. Versicel deß 7. Capitels also vernehmen: Beweise auch an den Todten deine Wolthat.

Eine schöne nothwendige Vermahnung ist diese / welche billich soll in acht genommen werden: daß man nemblich gutes erweise nicht allein den Lebendigen/ sondern auch den Todten.

Diß kan geschehen fürnemlich auff dreyerley Weiß,

Erstlich

Erſtlich / wann wir den Verſtorbenen / gebührender maſſen betrauren und beweinen; maſſen dann ſolches iſt. I. Natürlich. Dann Gott der HErꝛ hat eine ſolche natürliche Lieb und Neigung dem Menſchen eingepflantzet / daß / ſonderlich die Befreunden / als Eltern und Kinder / Mann und Weib und dergleichen / dadurch verbunden werden / ſich zu erfreuen / wann es einem und dem andern wolgehet; auch zu trauren / wann es einem und dem andern übel gehet.

Wann denn dieſe natürliche Verbündnis / durch den Tod / zertrennet wird; ſo iſt es kein Wunder / ob ſchon der Natur weh geſchicht / und die Menſchen zu Trauren und zu Weinen bewegt werden.

Zum andern / iſt auch ſolches Chriſtlich: maſſen Chriſtus nicht allein ſelbſten ſeinen guten Freund Lazarum beweinet / Joh. 11.35. ſondern auch / durch ſein Apoſtel Paulum / uns hat ſagen laſſen: daß wir weinen ſollen mit den Weinenden / und trauren mit den Traurigen. Rom. 12/15.

Eine Wolthat erweiſen wir / zum andern / den Verſtorbenen / wann ſolchen eine ehrliche Leichbe-

Leichbegängnus angestellet / und zu ihrem Ruhbettlein / mit Christlichen Ceremonien / sie begleitet werden.

Das soll geschehen nicht allein zu Ehren den Verstorbenen; sondern auch zu Trost den Leidtragenden: die Traurigkeit ihnen in etwas zu mindern / und der allgemeinen Sterblichkeit sie desto mehr zu erinnern.

Ein Zeichen der Liebe und eine Wolthat ist es / zum dritten / wann wir die Verstorbenen ehrlich zur Erden bestatten / Sir. 38.16.

Sehr übel sind die heidnischen Völcker mit ihren Verstorbenen umgegangen: in dem sie solche entweder in das Wasser versencket; oder den Hunden fürgeworffen; oder verbrennet: weil sie dafür gehalten / als were es nun gar aus mit ihnen.

Wir aber / als Christen / wissen und glauben auß Gottes Wort / nicht allein die Unsterbligkeit der Seelen / Matth. 10.28. Eccl. 12.7. sondern auch die Aufferstehung deß Fleisches / Joh. 5. Job. 19. derowegen übergeben wir die Leichnam der Unserigen der Erden: auff daß sie / **wie die Weitzenkörnlein** / zur Erden werden / und am jüngsten Tag / wider herfür kommen. Johan. 12.24. I. Corinth. 15.44.

Einfältige
Zu dem Ende ist auch diese Leichbegängnis angestellt: dabey die verlesene Wort uns nicht wenig werden dienen können.

Solche wollen wir erklären: dabey auch anweisen; wie solche zur Erbauung unsers Christenthumbs angewendet werden sollen. Hierzu wolle der HErr unser Gott seines H. Geistes Krafft und Segen/ zu lehren und zu hören verleihen. Amen.

Erklärung des Textes.

Unsere dißmals vorgenommene Wort lauten also: Meine Augen haben deinen Heiland gesehen.

Obwol/ Gottes Geliebte/ dieses wenige Wort sind/so sind sie doch sehr wichtige und nachdenckliche Wort: wann wir/ Erstlich/ betrachten die Person/ von welcher solche Wört geredet worden.

Die war Simeon/ von welchem die heilige Schrifft meldet/ daß er gewesen ein frommer Mensch/ der Gerecht: nicht allein wegen der zugerechneten Gerechtigkeit / welche er durch den Glauben

Glauben an Christum erlanget/ als der da ist der HErr unser Gerechtigkeit/ Jer. 23. 6. sondern auch weil er sich beflissen eines gerechten unsträfflichen Wandels für der Welt.

Er war auch Gottsförchtig: als der/ so viel geschehen können/ sein Leben nach den Geboten Gottes angestellet/ und auff den Trost Israelis/ welcher ist Christus/ mit grossen Verlangen gewartet.

Es wohnete auch in ihm der heilige Geist: daraus zuschliessen/ daß diese von einer so heiligen Person geredte Wort/ wichtige Wort seyn müssen.

Wichtig und nachdencklich sind/ zum Andern/ diese Wort: was wir sie selbst betrachten/ als welche uns berichten Zweyerley: nemlich/ von wem Simeon rede; und was er von demselben rede.

Das erste belangend; so redet Simeon von seinen Augen: Meine Augen/ spricht er/ haben deinen Heiland gesehen.

Simeon hatte zweyerley Augen: äusserliche/ und innerliche; leibliche/ und geistliche.

Obwol Gott allerley schöne Glieder dem Menschen gegeben/ ist doch das Aug/ unter solchen/ der fürnemsten eines: dadurch Gott seine grosse Weißheit

Weißheit zuerkennen gegeben: weil daſſelbige ſo beweglich iſt gemacht / daß es ſich geſchwind und wunderlich / hin und her wenden / weit und breit wandern / und alles ſehen kan.

So wird auch der menſchliche Leib nicht wenig durch die Augen gezieret.

Die Augen zieren nicht allein das Geſicht und den Mund; ſondern auch den gantzen Leib.

Was die Sonne am Himmel iſt; das iſt das Aug an deß Menſchen Leibe: ſchreibet der alte Lehrer Chryſoſtomus.

Homil. 55. in Iohan.

Gleichwie das Angeſicht bald verſtellet wird / wann den Augen was mangelt: Alſo machen hergegen unverletzte Augen / das Angeſicht lieblich und annemlich. Darum hat auch Gott dem Menſchen nicht nur ein / ſondern zwey Augen geben wollen: deſſen Schönheit zu vermehren.

Es war aber der alte Simeon begabt nicht allein mit ſolchen leiblichen; ſondern auch mit geiſtlichen Augen.

Durch die geiſtliche Augen iſt zu verſtehen / das Erkäntnis natürlicher / weltlicher und geiſtlicher Dinge: vermittels deſſen der Menſch geiſtliche und weltliche Weißheit erlanget: auch dadurch ſo weit und ſo viel ſihet / dahin die leibliche Augen nicht gelangen können.

Dannen-

Dannenhero kommt es / daß eines Theils blinde Leuth / mit ihren innerlichen Augen / viel weiter und schärffer haben gesehen / viel verständiger und kluger gehandelt; als andere: ob schon ihre leibliche Augen waren unverletzet.

Vom Didymo Alexandrino wird gelesen / daß / ob er wol in seiner Jugend um sein Gesicht kommen / ihn doch Gott mit so scharffen innerlichen Augen und mit so grossem Verstand deß Gemüths begabt / daß er die allerschwersten Sachen verstehen können. Darum ihme Antonius tröstlich zugesprochen: daß er sich der leiblichen Blindheit halber nicht betrüben solle. Ob er schon keine leibliche Augen habe; so habe er doch englische Augen.

Euseb. hist. Eccl. l 11. c. 7.

Solche Augen neben den leiblichen hat auch der alte Simeon gehabt.

Was sagt nun aber / **zum Andern** / Simeon / von solchen seinen Augen?

Also spricht er: **Meine Augen haben deinen Heyland gesehen.** Der Grundsprach nach heißt es: **Meine Augen haben dein Heyl gesehen.** Dadurch verstehet Simeon den verheissenen Messiam / Jesum Christum: weil

er

ergewust / daß die heilige Schrifft von Christo also zu reden pflege.

Jacob / der heilige Patriarch / sprach: HErr / ich warte auff dein Heyl / Gen. 49. der Prophet Esaias ließ sich also vernehmen: Der HErr hat offenbaret seinen heiligen Arm / für den Augen aller Heyden; daß aller Welt Ende siehet das Heyl / Cap. 52. 10. David / der Königliche Prophet / sagte: Der HERR läßt sein Heyl verkündigen / Psalm. 98. 3.

Billich wird Christus also genennet: weil er ist das Heyl selbsten; von welchem all unser Heyl und Seeligkeit herkommet.

Was für ein Heyland Er aber sey / berichtet auch die heilige Schrifft: nemlich / nicht daß Er seinem Volck leiblich helffen soll / von der Tyranney und Gewalt ihrer leiblichen Feinde / sondern helffen soll Er ihnen von den geistlichen Feinden / von Sünd / Tod / Teuffel und Höll. Sein Volck soll Er selig machen / von ihren Sünden / Matth. 1.

Es wird aber Christus von Simeon nicht nur ein Heyl oder Heyland / sondern Gottes Heyland genennet:

genennet: **Meine Augen/** spricht Er/ **haben DEINEN Heyland gesehen.**

Billich wird Christus also genennet: weil nicht wir/durch unsere gute Werck/solchen verdienet/sondern Gott der Vatter solchen uns zu einem Heyland bereitet/ **und in der Fülle der Zeit** in die Welt gesand/ auch verordnet/ daß Er ein Mensch/ und ein Opffer für die Sünde der Menschen/ werden soll / Joh. 3. massen dann der alte Simeon sich selbsten hat erkläret/ mit folgenden Worten:

Welchen du bereitet hast.

Fragen möchte aber jemand: Was hat den alten Simeon verursachet/ diese Wort zu reden? Ursach hat ihme gegeben sein gethaner Wunsch; daß er doch bald sterben möchte; wann er geruffen: **HErr/ nun lässest du deinen Diener im Friede fahren.**

Dieser Wunsch hätte ihm übel können gedeutet/ und von ihme gesagt werden: Simeon redete als ein unverständiger/ kindischer/ alter Mañ/ der nicht wüste und verstünde/ was er reden solte/ es würde der Tod wol ungewünschet kommen/ und ihn überfallen.   Oder man hätte mögen sagen: als hätte er solches geredet/ aus grosser Ungedult und aus Verdruß dieses Lebens.

Damit aber niemand seinen Wunsch ihme übel deuten möchte / hat er die Ursach seines gethanen Wunsches anzeigen / und zuverstehen geben wollen / die Ursach sey diese: Weil seine Augen hätten Gottes Heyland gesehen.

Simeon hatte eine Verheissung von dem heiligen Geist: Er solte nicht sterben / er hätte dann zuvor den Christ deß HErrn gesehen Luc. 2. cap. Weil dann nun solches geschehen / daß er den Christ deß HErrn / als seinen Heyland / mit leiblichen und geistlichen Augen gesehen: also wolte er jetzund getrost und willig sterben.

So viel von Erklärung der vorgenommenen Wort.

Eine Lehr.

Zu lernen haben wir hierauß: wie die Sach anzustellen / damit der Mensch zum Sterben willig und getrost sein möge.

Geschehen kan und wird solches: Wann der Mensch seine Glaubens-Augen auff Christum wendet; solchen / als seinen Heyland / erkennt und ehret: nach dem Exempel deß alten Simeonis.

Sterben ist zwar eine geringe Kunst: aber frölich / getrost und selig sterben / ist eine grosse Kunst.

Kayser

Käyser Friederich / dieses Nahmens der Dritte / wurde gefragt: was der Mensch vor allen Dingen lernen solte? Der gab zur Antwort: Gott recht erkennen / und wol sterben.

Im alten Testament / hat sich der verheissene Messias / oder Christus / zu sehen gegeben in schönen Verheissungen / und Vorbildern der Opffer: oder auch / in einer sonderlichen Gestalt / als eines Engels: wie dem Jacob / welcher sich hören ließ: Ich hab Gott von Angesicht gesehen / und meine Seele ist genesen / Gen. 32. 30. Dem Mosi hat Er sich zu sehen gegeben in einer Wolcken-Seule / Exod. 33. 9. Der Prophet Esaias sahe den Herrn sitzen auff einem hohen und erhabenen Stul / und sein Saum füllete den Tempel / die Seraphim stunden über ihm / Esa. 6. 1. Daniel sahe einen kommen in deß Himmels-Wolcken / wie eines Menschen Sohn. Cap. 7. 13.

Im Neuen Testament hat Christus sichtbarlich gewandelt / und sich zu sehen gegeben durch leibliche und geistliche Augen.

Also hat Ihn gesehen Simeon / Christi Jünger und Apostel.

Auff solche Weiß / können wir heut zu Tag ihn zu sehen nicht bekommen: doch lässt er sich von uns ansehen mit geistlichen Glaubens-Augen; vermittels seines heiligen Worts / und der Hochwürdigen Sacramenten: dadurch wir ihn sehen und erkennen können / nach seiner Person; daß Er wahrer Gott und Mensch / und doch nur ein Christus sey.

Sehen und erkennen können wir ihn / nach seinem Ampt: daß Er sey unser Hoherpriester / Mittler / Erlöser und Seligmacher / Jerem. 23. 8. unser Heiligung und Erlösung / I. Cor. 1. 31.

Sehen und erkennen können wir sein Hertz: wie inbrünstig Er uns liebe / und wie sehr Er sich bemühe / uns in sein Himmelreich zu bringen.

Dieses Sehen hülfft uns mehr / als das blosse leibliche Sehen.

Mit solchem geistlichen Sehen / hat sich auch begnügen lassen der Ertzvatter Abraham; von welchem Christus spricht: Abraham / euer Vatter / ward fro / daß er meinen Tag sehen solte: und er sahe ihn / und freuete sich /

Joh. 8.

Joh. 8. 56. Und wer mit einem bußfertigen und glaubigen Hertzen seinen Heiland ergreifft/ und mit innerlichen geistlichen Augen Jhn ansiehet: der kan/ wie Simeon/ in rechtem Friede heimfahren.

Eine Vermahnung.

ES ist aber nicht genug/ daß wir solches wissen: sondern wir müssens auch practiciren/ und ins Werck richten.

Christum müssen wir anschauen nicht mit frembden/ sondern mit unsern Augen. Begnügen sollen wir uns nicht lassen an dem/ was andere glauben/ sondern ein jeder soll seine eigene Augen auff den Heiland richten/ und seine glaubige Zueigung und Ergreiffung deß Verdienstes Christi haben/ daß er mit Job sagen könne: Jch weiß/ daß MEIN Erlöser lebt/ Job 19. 25. und mit Simeon: MEINE Augen haben deinen Heyland gesehen.

Sonderlich soll der Mensch seine Glaubens-Augen auff Christum richten/ wann seine leibliche Augen wollen dunckel werden/ oder gar brechen/ und die Seele den Leib verlassen soll.

Weil aber Gott der heilige Geist solch glaubiges Anschauen in uns schaffen und wircken muß/

massen

16 Einfältige

massen Fleisch und Blut solches nicht wircken können: Matth. 16. so ist von nöthen eyfferig zu beten: **Erleuchte / HErr / meine Augen / daß ich nicht im Tod entschlaffe /** Psalm. 13. 18. **HErr / öffne mir die Augen / daß ich sehe die Wunder an deinem Gesetze /** Ps. 119. 18.

Also zu thun soll uns bewegen / **Erstlich /** weil dieser Heyland / auß aller Noth und Anfechtung uns helffen und erlösen kan.

Fichtet dich / **O Mensch /** der Satan an / wegen deiner vielen und schweren Sünden: so wird sich dein Heyland / wenn du ihn mit Glaubens-Augen ansihest / zu dir wenden / und dir zuerkennen geben: daß **Er tilge deine Sünd / um seinet willen / und gedencke deiner Sünden nicht mehr /** Esa. 43. 25. daß Er sey **das Lamb Gottes / welches der gantzen Welt Sünde getragen /** Joh. 1. 29. daß Er sey **die Versöhnung / für der gantzen Welt Sünde /** 1. Joh. 2. 2.

Gleichwie die / von den feurigen Schlangen / gebissene Israeliten / wider sind heyl und gesund worden;

worden; nach dem sie die auffgerichte eerne Schlang angesehen / Num. 21: Also kan diese feurige Anfechtung / wegen der Sünden / nicht schaden den jenigen / welche Christum / wie er um unsert willen am Holtz deß Creutzes erhöhet worden / mit Glaubens-Augen anschauen.

Erschröcket dich der Satan mit dem jüngsten Gerichte / oder mit der Höllen: so richte deine Augen auff Christum / deinen Heyland: der wird sich auch zu dir wenden / dich trösten / und dir / aus seinem Wort / also zusprechen: **Wer mein Wort höret / und glaubet dem / der mich gesand hat; der hat das ewige Leben / und kommet nicht ins Gericht /** Joh. 5. 24. **Ich bin der Höllen ein Pestilentz worden /** Hos. 13. 14. **Darum ist nichts verdammliches an denen / die in Christo Jesu sind /** Rom. 8. 1.

Merckest du; daß der Tod bey dir anklopffet / und sich dir nahet / mit seiner abscheulichen Gestalt: so wende deine Glaubens-Augen auff Jesum / deinen Heyland. Der wird dich damit trösten / daß Er **dem Tod sey ein Gifft worden /** Hos. 13. 14. und denselben habe überwunden / und dich

vom

vom Tod errettet/ Pſ.68.v.20. Daß Er werde/ mit ſtarcker Hand/ dich reiſſen auß deß Todes Band/ und zu ſich nehmen in ſein Reich/ da du dann mit Jhm zugleich/ in Freuden wirſt leben ewiglich.

Als dann wirſt du getroſt ſagen können: O Herr Jeſu/ mein Heyland/ du haſt mich ja erlöſt/ von Sünd/ Tod/ Teuffel und Höll: es hat dein Blut gekoſtet: drauff ich mein Hoffnung ſtell: warum ſolt mir dañ grauen/ vor dem Tod und hölliſchen Geſind. Weil ich auff dich thu bauen: bin ich ein ſeeligs Kind. Deß HERRN bin ich/ ich lebe oder ich ſterbe/ Rom.14.v.8.

Bewegen ſollen uns/ zum Andern/ die Exempel derer/ welche ihre Augen auff Chriſtum haben gerichtet.

Vorgedachter Patriarch/ Jacob/ ſprach auff ſeinem Todbette: HErr/ ich warte auff dein Heyl/ Gen.49.18. Da der Schecher am Creutze ſterben ſolte/ wandte er ſich zu Chriſto/ und ſagte: HErr/

HErr/ gedencke mein/ wann du wirst in dein Reich kommen/ Luc. 23.41. An seinem letzten Ende/ seufftzete Sanct Stephanus: HErr Jesu/ nimm meinen Geist auff/ Actor. 7.59.

Bewegen soll uns/ zum dritten/ das zukünfftige himmlische Anschauen.

Ob schon unsere Augen im Sterben werden zugedrucket: sollen doch solche wieder eröffnet werden; daß wir auch mit unsern leiblichen Augen unsern Erlöser werden anschauen/ Job. 19.17.

Die jenigen/welche allhie Christum mit Glaubens-Augen angesehen/ die werden ihn mit leiblichen clarificirten Augen sehen/ von Angesicht zu Angesicht/ I. Cor. 13.2. in seiner Herrligkeit/ Joh. 17.24.

Den Jüngern/ welche nacher Emahus gewandert/ gab sich Christus zwar zu sehen nach seiner Aufferstehung; aber in einer fremden Gestalt: ihre Augen wurden auch gehalten/daß sie ihn nicht kandten; welche zwar nachmals in der Herberge ihnen wurden geöffnet/ daß sie ihn kenneten: aber da verschwand Er für ihnen/ Luc. 24. In jenem Leben/ werden wir ihn nicht allein sehen in seiner

eigenen

eigenen Gestalt/ **wie Er ist**/ I. Joh. 3. 2. sondern auch immer für und für/ in Ewigkeit. Welches Augustinum so sehr bewegt/ daß er geruffen: O Domine, moriar, ut te videam: **O lieber HErr Jesu/ laß mich sterben: auff daß ich dich sehen möge.**

Dieses/ was bißhero gesagt/ hat unsere nunmehr in Gott seelig-ruhende/ Gott-Ehr-und Tugendliebende Frau Predigerin/ nicht allein verstanden; sondern auch erfahrt. Eben darum/ daß sie Christum/ ihren Heyland/ zu sehen bekomen möchte/ hat sie ihre Glaubens-Augen zeitlich zu demselben gerichtet/ solchen lernen erkennen/ und sich dessen getröstet.

Weil sie dann solches gethan: hat ihr Heyland nicht warten wollen/ biß in jenes Leben: sondern noch in diesem sich derselben zu sehen gegeben/ und sie also einen Vorgeschmack deß zukünfftigen himlischen Lebens kosten lassen.

Die jenigen/ welche ihr/ in ihrer letzten Kranckheit/ beygewohnet/ berichten glaubwürdig/ daß Sie einsmals bey tödlicher Schwachheit/ gantz still gelegen/ ohn daß sie mit offenen Augen und lächlendem Munde bißweilen in die Höhe gesehen/ doch bald die Augen widerzu gethan/ als wenn sie
verzu-

verzucket. Als sie aber wieder zu ihr selbsten kommen/ habe sie erzehlet/ was wunder schöne Ding sie gesehen: neben andern/ wäre ihr Christus erschienen/ der hätte sie getröstet/ und gesagt: sie solte noch ein klein wenig in glaubiger Gedult aushalten; Er wolle Sie bald zu sich holen. Darüber sie der Freuden sey so voll worden/ daß sie viel und offt/ mit verwunderung ihres lieben Herrn/ und anderer Anwesenden/ vom ewigen Leben geredet: und gar gern gehöret/ wann auch andere hievon geredet.

Sie hat auch mit grossem Verlangen auff ein seeliges Sterb-Stündlein gewartet/ damit sie bald zu Christo kommen/ und besser desselben zu sehen bekommen möchte. Wegen jetzund erzehlten Gesichtes/ sind auch diese erklärte Wort zu einem Leich-Text erwehlet worden.

Unserer Frauen Predigerin seel. noch einmal/ in offentlicher Kirch-Versamlung/ zu gedencken/ so verhält es sich mit ihrem Lebens-Lauff/
wie folget.

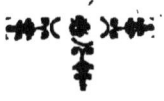

Lebens=Lauf.

Unsere seelig=verstorbene Mit=Schwester/ die Erbare und viel Ehrn=Tugendreiche Frau Maria/ deß Wohl=Ehrwürdigen und Hochgelehrten Herrn/ Johann Michael Dilherrns/ Ministerii Eccleſiastici Antistitis, treufleissigen Predigers bey S. Sebald / Professoris Theologiæ, Philosophiæ und Linguarum Orientalium, Directoris Gymnasii Ægidiani, Inspectoris Scholarum und Beneficiariorum, auch Bibliothecarii alhier/ hertzgeliebte Hauß=Ehre/ ist/ in der bekannten/ und vor Zeiten gewesenen freyen Reichs=Stadt/ Eger/ gebohren/ im Jahr Christi 1604. den 14. Novembris/ und also für 60. Jahren/ weniger acht Tagen.

Ihr Vatter ist gewesen Der Erbare und Wohlfürnehme Herr/ Barthel Schmid/ ein wohl=benahmter weit=gereister Handelsmann: Dessen Vatter/

ter/auß Savoja/ bürtig/ sich/wegen der Religions-
Verfolgung/ in besagtes Eger begeben hatte.

Die Mutter ist gewesen Die Erbare und viel
Ehren-Tugendreiche Frau Rosina / deß
Ehrnvesten / Großachtbarn und Wohl-
weisen Herrn / Leonhard Ruprechts / äl-
testen Raths verwandens zu Eger / Ehe-
leibliche Tochter.

Es sind aber solche Ihre liebe Eltern/
wie auch drey Schwestern/ im Jahr Christi
1607. an einer geschwinden Seuch / durch
den zeitlichen Tod/ Ihr/ in Ihrer Kindheit/ ent-
nommen/ und Sie/ als ein kleines Kind/ gantz na-
ckend/ aus dem inficirten Hauß/ durchs Fenster her-
aus gezogen/ und Ihrem Vetter/ dem Erbarn/
und vor Achtbarn Herrn/ Andreas Trap-
pen/ dessen Ehe-Weib unserer S. Frau Predigerin Mutter Schwester gewese / über-
geben/ und von selbigen überaus sorgfäl-
tig erzogen/ und zu allen Christlichē/ und
dem Weiblichen Geschlecht wolanstehen-
den Tugenden fleißig angewiesen wordē:
also

also / daß Sie / auch noch bey zimlich jungen Jahren / und etwan / in dem zehenden Jahr Ihres Alters / ihm seine schwere und weitläufftige Haußhaltung mit sonderbahrem Ruhm und Nutz / führen können.

Weswegen sie / bey jedermann lieb und werth gewesen / und manche ansehliche und statliche Heyrathen / auch von Adelichen Personen hätte haben können.

Es hatte ihr aber Gott einen andern Ehemann außersehen: nemlich / gedachten Herrn Trappens Vettern / den Erbarn und Wohl-fürnehmen Herrn Nicolaus Deschauern / einen frommen und verständigen Handelsmann: der allbereit vorher / im ledigem Stand / zu Prag / eine eigene Handlung / etliche Jahre / geführet hatte. Mit solchem ist sie / im Jahr Christi / 1625 / öffentlich zu Eger / in einer ansehlichen Kirch-Versamlung / copuliret worden / und hat auch / mit ihme 18. Jahr / eine friedliche Ehe besessen / und einen Sohn und eine Tochter / mit ihme / erzeiget: die aber / wenig Tage nach der Geburth / widerum verschieden.

Als sie kaum zwey Jahr zu Eger miteinander / in der Ehe / gelebet / und sich / mit ihrem Haußwesen / auff das allerbeste angerichtet gehabt: sind sie / der Religion wegen / mit grossem Verlust ihres

zeitlichen

Lebens-Lauff.

zeitlichen Vermögens/ ins bittere Exilium getrieben worden. In welchem sie sich/ an unterschiedlichen Orten deß obern Marggrafthums/ als zu Wohnsiedel/ zu Hoheberg/ und zu Artzberg/ bey 16. Jahren/ aufgehalten/ und auch/ in solcher Zeit/ etlichmahl erbärmlich verjagt/ gefangen/ ranzionirt/ und noch darzu ausgeplündert worden.

In solchem Exilio ist Ihr lieber Ehemann vielfältig erkrancket/ und/ im Jahr Christi 1642/ in seinem Herrn Jesu/ sanfft und selig entschlaffen/ und/ zu Hoheberg/ ehrlich zur Erden bestattet worden.

Nach Verfliessung zweyer Jahren hat sich die hertzbetrübte Frau Wittib hieher/ zu Ihrem lieben Vättern und Gevatter/ dem Erbarn und Wohl-fürnehmen Herrn/ Jobst Wilhelm Rößlern/ begeben/ Ihrem Gottesdienst/ und andern nothwendigen Geschäfften obgelegen/ und gantz keine Gedancken/ zu anderwertigen Verheyrathung/ gehabt.

Es hat es aber der Allweise Gott also gefüget; daß sie/ als eine Gottseelige/ verständige/ und/ im Creutz/ wohlgeübte Matron/ unserm Herrn Prediger gerühmet worden: Dannenhero Er Sie Ihme/ zu einem künfftigen Ehegemahl/ erkiesset/

D   und/

und/ im Jahr Christi/ 1644/ den 29. Novembris/
mit Ihr/ in Gegenwarth vieler fürnehmen Perso-
nen/ seinen hochzeitlichen Ehrentag gehalten; und/
von der Zeit an/ nemlich 20. Jahr weniger 3. Wo-
chen und 3. Tag/ mit Ihr/ eine Christliche Ehe
besessen/ und/ in dem ersten Jahr/ ein einiges
Töchterlein erzeuget; so aber tod auff die Welt
kommen.

In Ihrem Christenthum ist Sie eine eiverige
Betherin/ und/ bey dem Gebrauch deß Hochwürdigen Abendmahls/ sehr andächtig gewesen/ und/
nach Empfahung desselbigen/ allezeit für dem andern Altar geknict/ und Ihrem lieben Gott dafür
gedancket/ und Sich seiner ewigen Gnade kindlich
befohlen. Allen Lastern ist Sie spinnen feind/
und/ gegen das rechte und unboßhafftige Armuth/
überaus mitleidig und freygebig gewesen: Wie Sie
denn/ so lang Sie Leibes Krafften halber fort kommen können/ alle Monath 12. dürfftige Schüler
wechselsweiß/ auß 4. hiesigen Stadt-Schulen/
in Ihrer Wohnstuben/ ansehlich gespeiset und ge-
träncket/ ihnen selbst gekochet/ auffgewartet/ und
die Speise zerleget/ auch darauff/ mit ihnen/ ein
schön geistlich Lied gesungen.

In Ihrem Haußwesen ist sie einsig und unver-
drossen gewesen/ und hat/ mit guter Wartung/
Ihres lieben Herrns wohlgepfleget; auch Ihme offt
unver-

unversehens/ von Ihrem eigenen Geld/ Hemder/
Kragen/ Kleider/ Mäntel/ Röcke/ und andere
Nothdurfft machen lassen; und daran ihre sonder-
bare Freude gehabt: wenn Sie verspüret; daß er
es so wohl auffgenommen. Dannenhero hat
er sich/ in dem Haußwesen/ um nichts
nicht bekümmern dörffen.

Ja/ wie überaus treulich Sie es mit ihrem hertz-
lieben Herrn gemeinet/ kan man/ anderer Sach-
en allhier zu geschweigen/ auch daher abnehmen:
daß/ als einsten acht Personen Widriger Lehre/ in
die Bibliothecam publicam zu gehen/ begehret/
und Herr Dilherr denselbigen gern willfahret;
Solche aber hernach Ihme/ der gantz allein war/
darinnen fast Gewalt anthun wollen/ und ein grosses Geschrey angefangen: die Frau Dilherrin aber
solches ungefähr innen worden; Sie unvermuthet
in die Bibliothec kommen/ und solche unhöffliche
und unbesonnene Gäste mit einer solchen heroischen
Dapferkeit angeredet/ und so mannhafft angefal-
len; daß Sie alsobald allen Muth darüber sincken
lassen/ und nur gebeten/ sie unbeschädigt weggehen
zu lassen: welches auch geschehen. Und ist bekannt;
daß sie offtmals öffentlich gesagt: Es kommen
allerley Leute zu meinem Herrn/ denen er

D 3 bißweilen

bißweilen gar zu viel trauet: jedoch sollte sich jemand unterstehen/ Ihm ein Leid zuzufügē: so müßte er mich vorher auch umbringen. Bey meinem Herrn will ich leben/ und sterben: welches Sie/ in unterschiedlichen Gefährligkeiten/ würcklich zu bezeugen/ willig und bereit gewesen. DERGLEICHEN EHEWEIBER MAN NICHT VIEL FINDEN WIRD.

In seine Ampts-Sachen hat sie sich durchaus nicht gemenget: sondern wenn offt Leute zu ihr kommen/ und begehret; sie solte das/ oder jenes/ ihrem Herrn fürtragen; hat sie geantwortet: Ich wil euch bey meinem Herrn gern anmelden: oder/ gehet nur hinein/ und sagts Ihm selber: Er wird euch gar gern anhören.

Ob Sie nun wohl einer recht gesunden Natur gewesen, so haben Sie doch die vorher zugestoßene vielfältige Trangsalen/ nun fast/ bey drey Jahren her/ je länger/ je mehr geschwächet: wobey Sie/ auch mit stetem Husten/ und gefährlichen Mutter-Kranckheiten/ hefftig beschweret worden; biß Sie endlich fast/ vor einem halben Jahr/ gantz Lagerhafft worden/ und/ von solcher Zeit an/ wenig außer

auſſer Ihrem Krancken-Bettlein (worinnen Sie
eine unglaubliche Gedult/ in den allergröſſten
Schmertzen/ mit aller Anweſenden Verwunde-
rung/ an Sich/ verſpüren laſſen) bleiben können;
und Sich derentwegen der Welt gäntzlich entſchla-
gen/ und Sich hertzlich/ nach einem ſeeligen Ende/
geſöhnet. Und/ ob Ihr auch gleich zu letzt das
Gedächtnus/ in irdiſchen und zeitlichen Sachen/
zimlich entfallen: ſo iſt es doch/ in himmliſchen und
geiſtlichen Sachen/ unverruckt geblieben: alſo/ daß
Sie täglich zum öfftern die ſchöne Sprüch und
Gebet noch fertig und ſehr beweglich gebetet/
und dabey einen unausſprechlichen Troſt/ in
ihrem matten Hertzen/ empfunden: daß Sie
vielmahl zu ihrem betrübten Herrn/ und andern/
mit lieblichem Angeſicht und lächlendem Munde/
geſagt: Sie rede offt etliche Stunde/ mit
ihrem lieben Himmliſchen Vatter/ und
Ihr HErr Jeſus ſtehe/ bey Ihrem Bett/
tröſte Sie/ und ſage: Liebes Mla! habe
noch eine kleine Gedult: Ich will dich
bald/ mit meinen Engelein/ in das Him-
melreich/ abholen; da du ewiglich ſollſt
wider erquicket werden.

Bey solchen geistreichen Gedancken ist Sie (wie mir / Ihren Beichtvattern und andern mehr bewust) unausgesetzt verblieben / und selbige Ihre Labsal / Speise und Ergetzung seyn lassen. Die letzte acht Tage hat Sie unbeweglich / an einer Stelle / in Ihrem Bettlein / liegen müssen; weil man Sie / wegen verliehrung aller Kräfften / nicht mehr regen und bewegen dörffen: worüber Sie doch weder geklagt / noch ungedultig worden; sondern alles / mit dem öfftern Vorschmack und Freudenblick deß ewigen Lebens / hertzhaffte überwunden: wie Sie denn / in der verwichenen Sontags Nacht / als Sie vorhero / da Sie schon nicht mehr vernemlich reden können / von Ihrem Herrn / mit einem lieblichen und lächlendem Angesicht / einen Abschied genommen / darauff eine halbe Stund vor ein Uhr gegen den Tag / oder / um sechs der kleinern Uhr / unter dem Gebet der Umstehenden / ohn einige Regung und Bewegung / süß / sanfft und seelig / gleichsam lächlend entschlaffen / und also ihrer hertzlichen Bitte / von Gott / völlig gewähret worden.

Der Herr über Leben und über Tod hat nun die Seele unserer seeligen / auffrichtigen / guthätigen und Ehrliebenden Frau Predigerin allbereit bey Sich: Der wolle auch dem verblichenen Leichnam / in der Erden / eine sanffte Ruhe / dem Hochbetrübten

Herrn

Herrn Wittber aber/ Trost und langwärige Gesundheit/ neue Kräffte zu seinem obliegenden schweren Amt/ und uns allen/ zu rechter Zeit/ eine süsse/ sanffte und seelige Nachfart verleihen: um Christi Jesu willen/ Amen!

Einsegnung.

Nun/ du liebe seelige Frau Maria! so wandere hin/ in dein zubereitetes schönes Grab/ dessen du wol werth bist/ und laß deine ausgemergelte Glieder darinnen fein sanfft ausrasten; biß das Ende komme: daß du alsdann frölich und seelig aufferstehest/ in deinem Theil/ am Ende der Tage. Dan. 12/ 13. Indessen bewahre der Herr alle deine Gebeine/ daß derer nicht eines zerbrochen werde: Psal. 34/ 21. und lasse dich dermaleins/ in dem Himmel/ Freude die Fülle haben/ und liebliches Wesen/ zu der rechten Gottes ewiglich. Psal. 16/ 11.

Zum Beschluß/

Empfahet auch den Segen deß Herrn/ mit einem glaubigen Hertzen:

Der

Der HErr segne euch/ und behüte euch: Der HErr lasse sein Angesicht leuchten über euch/ und sey euch gnädig. Der HErr erhebe sein Angesicht über euch/ und gebe euch Friede/ Amen! Amen!

Abschied/
Von der seelig-verstorbenen Frauen.

LJEBSTE! Könnt es müglich seyn;
Blieb ich nicht zurück. allein:
   Gern ich wollte mit dir ziehen/
   Und aus dieser Welte fliehen.
Gern ich wollte ruhen aus/
In dem kühlen Todten-Hauß;
   Ligend sanfft an deiner Seiten/
   Biß zur Zeit der Engel-Freuden.
Aber Gott will/ daß ich noch
Länger trag das Elends-Joch.
   Doch ich hoff: Er wird bald sagen:
   Komm! du sollst fort nichts mehr klagen.
Ruhe bey der/ in dem Grab/
Die Ich dir entzogen hab:
   Nachmals dörfft ihr bey mir wohnen/
   Schön geziert mit Ehren-Kronen.
Da sollt ihr in voller Freud
Bleiben ewig alle beyd.

  Ach! HErr! wenn wirds doch geschehen:
  Daß dein Angesicht wir sehen?-
LJEBSTE! wohl in dessen ruh;
Ich thu schier die Augen zu:
   Alsdann werd ich bey dir schlaffen;
   Biß Gott JENEN TAG wird schaffen.

J. M. Dilherrns.

EPICEDIA.

I.
COELUM OMNIA REDDET.

Dilherre, Aonidum præsignis fama sororum
 Lucida Theologi gemma decusq; chori:
Quid fles, delicium vitæ, splendoris ocellum
 Fæminei, carnis nunc obiisse viam.
Et regni placidâ cœlestis sede receptam,
 Grande suo pignus venerat unde solo?
Hic, quo jure lubens nunc illa revertitur, & Tu
 Quod repetas tandem, nobile pignus habes.

Pl. Reverendo & Dignissimo Viro, Dn. Ioh. Michaeli Dilherro, Theologo celeberrimo, desideratissimæ Uxoris obitum lugenti, scrib. Tubingæ
Ericus Mauritius D. Acad. h. t. Rector.

II.
APOSTROPHE
piè in CHRISTO defunctæ

Per Reverendum & Charissimum suum Conjugem:

Non mea fata fleo nimium, dulcissime Conjux,
 Id Nobis placeat, quod DOMINO placuit.
Quod DOMINUS dederat, DOMINUS rursum abstulit idem,
 Qua DOMINI nomen non celebrare velit?
ò Sanctas animas, ò terq́; quaterq́; beatas,
 QUARUM VELLE DEI SUBIACET ARBITRIO.

J. C. Gundelfinger, Lib. Imp. Reip. Patriæ Neroling. Consul, Ær. P. Quæstor & Scholarcha.

III.
Ad
Mœstissimum Viduum,
Patronum & Fautorem suum æviterno honoris cultu prosequendum.

Eheu quam fragili pendent mortalia filo!
 Scilicet hospitium terra est, non patria:
 nec data mancupio, sed in usum vita, datori

que-

quotidie reddenda suo, eras jusserit? itô,
Quam nunc vidisti morientem! Amplissime FAUTOR,
viventem, vivens olim, mihi crede, videbis.
Luctum igitur cohibe, spera meliora, taceq;
Quin potiùs nostros casus, mala nostra fleamus.
Felices demum, cum sic continget abire.
Hasce piæ sortes animæ invidere secundas
Non debemus: amica quies sint carcere busti
corporis exsuviis? tibimet qui tanta marito
vulnera percussit, terrâ tofamq; replevit
nube domum; læso cordi medicamina ferte
assurgat, clari Phœbi tenebrisq; reducat
lumina discussis, mutetq; in gaudia planctus.

                    Henr. Gothofr. Gundelfinger/ U. J. D.
                    Sereniss. Princip. Duc: Wirtemberg:
                      in Waiblingen & Reip. Patr. Nördl.
                          Consiliar.

IV.

Die Wallfahrt dieser Erden/
ist leider voll Beschwer/
und wäre noch vielmehr/
umgeben mit Beschwerden/
   wann uns nie stets behüt/
       Gottes Gut.
Wann wir nicht köndten hoffen/
auf Christi Tod und Blut/
Der unsre Sach macht gut/
Wann uns die Sünd betroffen/
   Durch Christum leben wir
       wohl allhier.

Der Frau Dilherrin Leben/
Die Wallfarth ihrer Tag/
bekräfftigt solche Klag/
daß Sie offt Noth umgeben;
   Zwar Ehr auch SIE umgab
       biß ins Grab.
Jedoch das Creutz sich findet/
es ist der feste Schluß/
der Mensch hie leiden muß.
Wohl dem der überwindet/
   der geht/wie SIE gethan
       Himmel an.

Dieses schriebe zu schuldigter Ehr/

                    Paul Wörfel/ b. K. br.

V.

Ecce! Tuam Solymi cælestis David, in arcem,
Magne DILHERRE, Suam dicens, abduxit Olympi;
Huic igitur gemitus, lacrumas, encomia multa,
ritè sacrare licet: Reliqua autem, ut Paltiel, æquo,

quæst

quæso, ferent animo, Patriâ Te porrò reserva!
Est tutum Deus effugium contumq́; Suorum.

Pl; Venerando DN. Viduo,
Patri in CHRISTO ætatèm observantissimè colendo
affectum ita lmq́; testatur Altdorfii

M. Lucas Friedericus Reinhart / SS. Theol.
P.P. & Ecclesiæ Minister.

❀ VI. ❀

Nec Tibi se præbent tam sæu. DILHERRE, benigna,
   Candida ut assiduè, non inimica, forent.
Quàm Tibi jam rapitur pars pectoris altera! vulnus
   Inflictum subitâ quàm Tibi clade dolet!
Quâ lætabaris, tot & à quâ commoda vitæ,
   Commoda jam vitæ lætitiamq́; Tuam
Morte suâ frangit. Quæ prosunt, lædere possunt:
   Sic quod delectat causa doloris idem.
Nempe gradu stabili nihil hîc immobile constat:
   Alternâ redeunt tristia læta vice.
Quæ gravidum Zephyro gremium fœcunda reclusit
   Tellus, jam claudit flante Aquilone sinum.
Dat natura vices: Hominum sors omnia versat,
   Nunc ea blanda juvat, nunc inimica premit.
Hæc nos sata manent: ita fert Divina voluntas;
   Nos quoque sorte decet, ceu bone Præco, mones,
Quodvè monens facies: Tristi solamen menti
   ipso non alius Te meliora feret.
Conjugis ergò Tuæ pietasq́; fidesq́; decusq́;
   hisce meis elegis commemoranda forent.
Nec refricere decet acceptæ vulnera cladis:
   Amissæ cruciant dum memorantur opes.
Ut precor, hoc restat, modò molliter ossa quiescant,
   Vivificum usq́; dabit buccina sera sonum.
Et dabitur veram tum demum vivere vitam,
   Et dabitur vitâ tum sine morte frui.

Patrono suo Venerando condolentia
ergò f.
M. Joh. Paul Felwinger / Polit. Metaph.
   & Log. Altdorffi P.P.

VII.

In Obitum Beatissimæ Matronæ,

MARIÆ,

Viri Pl. Reverendi, Clarissimi & Excellentissimi, Dn. Joh.
Mich. Dilherri, Antistit. D. Sebaldi vigilantis.
simul Conjugis piissimæ.

Εἰο μάκαιρα δάμαρ ἦτον λιπούσα, ΔΙΛΕΡΡΕ,
Νῦν ἐσὶ ἐψιβεβηκυῖα αἰθέρι ταυτέων.
Νῦς αὐτῆς ἀγαθὸν φρονήσασι τὸν ἀγαθὸν ἀεί,
Ἦδ' αὐτῆς λόγον μεῖνον οὐδὲν ἔχει.
Κοσμηθεὶς οὐκ ἐάτω ὑψίδρομος αἰθέρι. ἄῦμαρ,
Αἰθέρι ἐνσεβίης κρεῖττον ἀπειρεσίης.
Ὦ τῆς Εὐσεβίας! δωμα ἐξέδραμε κρεῖπης
Εὐσεβίης. Θνητὸς ἄρδημα Νῶι φέρει.

Συμπαθῶν test. ergò
P.

GEORGIUS MATTHIAS KÖNIG,
Prof. Publ.

VIII.

O Mea semper Columen Salutis!
Rebus anxiosis meis spes vix omnes,
quos rapit sævos inimicus ardor,
      Nobile Scutum!
Sancta sincera fidei Columna!
& Decem Summum Sophies DILHERRE!
cujus ad cunctas volat orbis oras
      Fama perennis.
Ergo Virtuti Sapientiæq;
Non, Tua, parcit truculenta Parca?
Conjugis dulcis rapiendo vitam
      falce cruentâ.
Scilicet Sortis rabida procellis
tentat in cassum bene præparatum,
mente constanti ac oculo intuente
      multa serenum.

Ut ferunt fluctus scopulâ, nec ignes
saxa corrumpunt: virtutum Tuum sic
omnis insultus faciunt sinistra
      Nulla trementem.
Unde mors frustra fuit auferendo,
Qua Tibi charum fuerat Levamen.
Nam fors fortis, scis: separari
      Ipse, licet uxat.
Nec qui tristes rotat hidra
Pluidæ mentis Vigor, indolesq;
major ut possit superari avaris
      mortibus ullis.
Quòd venenatis pereat sagittis,
possit aut flecti, fuge suspicari.
Non cadit quicquam simile in virili
      robore pectus.

Namq;

Namq; gaudebit potius maritam | *O Dum ferò fac ut insequatur,*
noxios tandem superasse morbos | *& Rei Sacrae; populos, Phœbi*
& poli lætas habitare sedes | *Fac diu prasit celebris Dilherri*
          morte remotâ. | *Maxima Virtus!*

Patrono suo maxime Venerando observantiæ testandæ
causa versus hos invita minerva scriptor transmit-
tere voluit L. M. Q. debuit

CHRISTOPH. MOLITOR Altdorfl P. P.

IX.

1.

Daß Christen / nicht das zeitlich Leben
Zur Welt-Freud oder Lust gegeben /
   Fühlt manches gar genug an sich:
Wer unserm Heiland angehört
Der muß auch / wie sein Wort uns lehrt /
   Sich leiden viel / und williglich.

2.

Dafür wird ihn der Himmel laben /
Mit unaussprechlich schönen Gaben /
   Wenn er dahin / nach sanfftem Tode /
Ist allem Creutzes-Stande entkommen /
Auch nunmehr selig eingenommen /
   Wo man kan seyn ohn alle Noth.

3.

Wann dann / Herr Prediger / bedencket /
Was seine Hausfrau vor geträncket /
   Und wie sie dessen jetzt befreyt /
Im Himmel sich recht kan ergötzen /
Wird Er in Gottes Willn sich schicken /
   In dem sie ruht von allem Leid.

4.

Gott wol (ist mein Gebet von Hertzen)
Forthin / vor andern Creutzes Schmertzen
   Euch / Unser Ehren-werthes Haupt
Zu seiner Kirch und unserm Nutzen
Bewahren / und für Unfall schützen /
   Ersetzen / was der Todt geraubt.

                         Dieweg überfendet dieses
               M. Michaël Weber / Schaffer bey
                          S. Sebald.

X.

Vincula connubii qui nectit, vincula solvit
idem, fatali pro ratione suâ.
Expertus, DILLHERRE, doles, dum, compare raptâ,
vi lethi, vitam nunc viduatus agis.
Sed, qui mortis iter mortales jussit obire,
hos etiam in vitam ponè redire jubet.
Hac spe tu mæstum frena, DILLHERRE, dolorem:
excita nam tua mox Costa resurget ovans.

Honoris & observantiæ ergò, mœstissimo Dn. Viduo
apposuit
M. Albertus Volcartus, Ædis Laurentianæ
apud Noriberg. Dispositor.

XI.

Ist keine Creatur, die mir/
Auf sehnliches Befragen/
Kan meines Heilands rechte Zier
Und Liecht der Augen sagen?
Nein! Nichts ist, so man auf der Welt/
Das mich hierinn zu frieden stellt.
Saß alles/ dem das Auge hold/
Für mir vorüber lauffen
Schött' alles Silber/ alles Gold
Da hin auf einen hauffen;
Sey aller Edlen Steine Glantz
Auf einmal mir in einem Crantz/
Zeug aller Perlen ihren Preiß;
Gib mir zusame zuschauen/
Was man in Gärten schönes weiß/
Und in den grünen Auen;
Der allerschönsten Sternen Liecht/
Meines Heilands Schönheit ist es nicht.
Kein Thier/ kein Mensch/ kein Engel sihet
So lieblich schön von Wangen/
Als meines JESU Schönheit blühet/
Des Davids a sein Verlangen, a Ps. 42.
Des Jacobs b und Simeons Trost b Gen. 32.
Der Außerwehlten Augen Kost.
Wir sehn zwar durch ein Spiegel c hie c 1.
Im Wort und in dem Glauben, Cor. 13.
Den allerschönsten/ der Uns nie/
läst seine Augen rauben;
Dort aber seiner Schönheit Liecht/
Von Angesicht zu Angesicht.

Die Selig abgeschiedne Frau
Offt mit Andachts Gebetten/
Zuschauen diese Blumen Au/
Ist für den Spiegel getretten/
Den Glaubens Spiegel/ dessen Schein
Von allen Irrthumbs Flecken rein.
In solchem hat Sie auf der Welt
Gesehn und lernen kennen/
Den Herrn/ den allerschönsten Held;
Und als der Tod schier trennen
Vom selbe Ihren Geist gewolt/
Ergeigt sich selber Ihr sehr hold.
Ein schönes Vorspiel gab Er Ihr/
Ließ einen Blick erblicken/
Von seiner hellverklärten Zier/
Mit lieblichem Entzücken
Sie kostete noch in der Zeit
Ein Vorschmack von der Ewigkeit.
Kurtz nach dem/ ließ Er Sie davon
Im Fried und Ruhe fahren/
Gleich dem frommen alten Simeon/
hin zu dem Engel Schaaren.
Nun sichts in voller Klarheit an/
Den/ der vor Sie gnug hat gethan.

Der seht Sie um Ihres Heilands Liecht
Und Antlitz möchte fragen;
Der würd, weil was Ihm keiner nicht
Auf Erden konte sagen/
Erfahren/ und wie lust allhie/
Die Welt verlassen/ gleich wie Sie.

O JESU

O JESU! Du mein güldnes Licht/
Wie schön bist du zu sehen!
Der bittre Tod wird drüber süß.
Vernimm hiebey mein Flehen:
Ach hilff/ daß dermaleins auch Ich/
O schönste Schönheit/ sehe dich!

Der Sertig: abgeliebten Fr. zu Schuldigst: letzte
Ehrbezeugung setzte dieses Wenige

M. Hieronymus Schultheiß/ der Kirch zu
St. Sebaldi Diener.

❊ XII. ❊

1.
Ach der schnöden Augen-Lust!
 Wo man sich hinwendet/
sieht man nichts/ als Sünden-Wust:
 Alles ist geschändet/
und beschmitzt mit Laster-Koth:
Wer es sieht/ wünsche ihm den Tod.

2.
Darum wolt die werthe Frau/
 bey so wüsten Zeiten/
als auff einer schönen Au/
 ihre Augen weiden:
denn ihr Hertz und Angesicht/
hatte sie zu Gott gericht.

3.
Ja/ sie hoffte immerdar/
 Jesum selbst zu sehen:
Was ihr stetes wünschen war/
 das ist auch geschehen.
Nunmehr hat sie den erblickt/
der die Engel zugeschickt.

4.
Nun/ wir freuen uns mit Ihr/
 denn sie sieht/ mit Augen
ihren Heiland/ für und für:
 Welt/ was wolst du taugen
gegen diesem Himmels-Blick?
weg mit deinem blinden Glück!

Aus beobachter dienstschuldigkeit überstendet dieses
M. Caspar Arnold zu S. Sebaldi
Diaconus.

❊ XIII. ❊

Was vereinigt und verbunden
 In dem grossen Weltgebäu/
Ist zertrennlich alle Stunden/
Und verwelcket wie das Heu.
 Dieses bringet Traurigkeit/
 Und verkehrt die Freud in Leid.

Ob die Seel schon auf der Erden
Mit dem Leib vereiniget ist/
Muß sie doch geschieden werden
Von dem Leib durch Todes-List.
 Dieses bringet Traurigkeit/
 Und verkehrt die Freud in Leid.

Werden treue Freund zertrennet
Von dem Haß und von dem Neid/
Daß bey ihnen nicht mehr brennet
Liebes-Flamm und Einigkeit/
 Bringet dieses Traurigkeit/
 Und verkehrt die Freud in Leid.

Wenn verliebter Hertz und Leben
Sind verbunden in der Lieb/
Und dem Tod sich eins muß geben
Durch der Schmertzen starcken Trieb.
 Bringet dieses Traurigkeit/
 Und verkehrt die Freud in Leid.

Was wird zu euch Armen werden/
Durch der Frau Dilherrin Tot?
Die euch unverhofft entnommen/
Die euch speißte in der Not.
Bringe nicht dieses Traurigkeit/
Und verkehr die Freud in Leid?
Nunmehr hat sie überwunden
Alle Todes Macht und Qual/
GOtt hat sich zu ihr gefunden
In des großen Himmels-Saal.
Das vertreibet Traurigkeit/
Und verkehrt das Leid in Freud.

Ob der Tod selbst gefehlet/
Die sie darinn geben hat/
Ihr dennoch anserwehlet
In deß großen GOttes Stadt.
Das vertreibet Traurigkeit/
Und verkehrt das leid in Freud.

Wollen wir auch einig leben
In deß Himmels hohen Thron/
Laßt uns Armen gerne geben/
Da drauf folgt der Gnaden Lohn/
Der uns bringt zur Seeligkeit/
Und verkehrt das leid in Freud.

Aus Christschuldigem Mitleiden verfertigte
dieses
M. Johann Majer/ Diacon. bey unser K.
und Prediger bey S. Clara.

XIV.

Jesu heilwärtiges Anschauen.

Aus den Text-Worten Luc. 2/30.

Nach der Weiß: Herzlich thut mich verlangen/ ꝛc.

1.
SO mach es nun ein Ende/
Getreuer Gott! mit mir/
Nimm hin/ in deine Hände
Die Seele/ die/ zu Dir/
Mit sehnlichem Verlangen/
Ruffe voller Bangigkeit;
Gleichwie ein Hirsch/ umfangen
Mit Durst/ nach Wasser schreyt.

2.
Mein Aug hat schon erblicket/
(Des Glaubens Augen-Liecht/)
Den Du uns zugeschicket/
Und selbst hast zugericht/
Daß Er uns Heil soll geben/
Das Himmelische Heil/
Drum mag Ich nicht mehr kleben/
An diesem Erdentheil.

3.
O Heil! O Gottes Wesen!
O Heiland aller Welt!
Der du uns machst genesen/
Und/ an dem Sternenfeld/
Uns schaffest Ruh und Wonne/
Ich freue mich/ auf dich/
Du helle Gnaden Sonne!
Komm/ und erleuchte mich.

4.
Es ist doch/ auf der Erden/
Nur lauter Eitelkeit/
Ein Leben/ vol Beschwerden/
Forcht/ Hofnung/ Sorg/ und Streit/
Heimtückisches Beginnen/
Verfluchte Hinterlist/
Betriegliches Ersinnen/
Und/ was vom Argen ist.

3. Drum/

5.
Drum/ weg! mit solchen Sachen/
  Die nichts/ als Phantasey/
Und lauter Abweg machen/
  Durch falsche Triegerey.
Mein Jesus/ voller Klarheit/
  Den Ich/ im Hertzen/ hab/
Ist lauter Gottes Warheit/
  Daran Ich mich erlab.

6.
Ach! ja; die ware Freude/
  Die ware Himmels-Kost/
Die ware Seelen-Weide/
  Der ware Hertzens-Trost/
Das ware Heil der Sünder/
  Die ware Geist-s-Ruh/
Ein Schatz der Gottes Kinder/
  O JEsu! der bist du.

7.
Wie soll sich dann nicht sehnen
  Mein Seliches/ nach Dir?
Wie solte sich gewehnen
  Des Hertzens Lust-Begier/
Zu irgend andern Dingen/
  Als/ daß es/ sonder Ziel/
Sich Himmel auf erschwingen/
  Bey JEsu bleiben will.

8.
Ey! nun so laß geschehen/
  HErr JEsu! ohn Verzug/
Daß Ich Dich möge sehen;
  (Das ist mir schon genug/)
Wie hier im Glaubens-Spiegel;
  So dort/ von Angesicht.
O Seele nimb dir Flügel/
  Bloß hinter JEsu nicht.

überseudet von
Joh. Chr. Arnschwangern.

XV.
Freudige Hinfahrt.

Selig/die in ihrer Grufft bey sohsehwerten Wetterschlachten;
  und nicht todt dören von den Waffen:
Die nach Unfried Friede haben; Die nach Wunsch/ in ihrem Grab/
  alle Trübsal legen ab.
Denen ist es eine Freud aus der engen Welt zu scheiden;
  Die nichts kan/ als Ehr abschneiden.
Besser/ sich in GOtt erfreuen/ als mit Seuftzen/Angst und Qual/
  wandeln in dem finstern Thal!
Laßt uns/die wir Christen sind/oder doch uns Christen nennen/
  solche Freude recht vergönnen
Dieser vor GOtt werthen Seele: O/du Christliche Matron/
  hast nun auch den Sundenlohn!
Freue dich/in deinem GOtt/ die du vielmals warst betrübet/
  Durch Verfolgung viel gelibet:
Freue dich/in deinem JEsu/ der sich deiner auch erfreut/
  Da du so zum Tod bereit:
Da du/ mit Bewunderung/alle Schmertzen/alle Plagen/
  so gedultig hast vertragen;
Freue dich/die im Leben deine Freude stets gehabt/
  wann du Arme hast gelabt.

Freue dich/du frommes Hertz! denn es haben deine Augen
 (die/im Tod/sonst wenig taugen)
deinen Heiland stracks gesehen/da du vor der Todesstund/
oft gelachet/mit holdem Mund.
Freue dich: Die Engelschaar/der dich Christus anbefohlen/
hat dich müssen selbst abholen.
Ey/wer wolte dir nicht gönnen solche schöne Himmels-freud!
Jetzt bist du aus allem Leid!
Nun so freue/freue dich/O du Freuden volle Seele:
Biß wir/aus der Traurerhöle/
auch zu dir/in Himmel kommen: Da wird einig und allein
Freude/Freude/Freude seyn!

Aus freywillig-beobachter Schuldigkeit auffgesetzt
von
C. Arnold/ P. P. und Diener an
Gottes Wort.

✻ XVI. ✻

Wol dem/ der in diesem Leben
Der Gedult sich hat ergeben;
Daß er gern/ in seinem Stand/
leidet/ was ihm kommt zu Hand!
Die Gedult kan überwinden
alles/ alles/ was zu finden
hier in diesem Jammerthal/
da nur lauter Noth und Qual.
Endlich bringt Gedult nach Leiden
hundert/ tausend Himmels-Freuden:
Ja das Leiden dieser Zeit
ist nicht werth der Herrligkeit.
Die Gedult/ so Ihr erwiesen/
Frau Dilherrin/ wird gepriesn/
da der überhäuffte Schmertz
hat gequält das matte Hertz.

Hierdurch habt Ihr überwunden
alles Leiden/ und gefunden/
in der süssen Ewigkeit/
das/ was ewig Euch erfreut.
Ruhet in der sanfften Erden/
biß wir auch zur Erden werden/
biß uns auch die Ehren-Cron
wird auffsetzen Gottes Sohn!
Gott/ der Höchste/ wolle geben
Unterdessen langes Leben
Unserm Dilherrn! dessen Kunst
hat erlanget Fürsten-Gunst:
Dessen weit-berühmte Gaben
Kirch und Schul genossen haben.
Darum ruffen sie/ mit mir:
Gott erhalte Dilherrn hier!

Seiner sonderbaren Schuldigkeit nach/ setzte
dieses

M. Johannes Held/ Ebræ Ling. P. P.
& Gymnasii Rector.

❦ XVII. ❦
Die Seelige Fr. Predigerin von sich selbst.

1.
JCh hab viel in meinen Tagen
Sehen müssen und ertragen;
Liecht in Finsternuß sich lehrt/
Finsternuß das Liecht verzehrt;
Mir war *Bitterkeit und Sorgen
nach dem Namen neu all morgen.
* MARJA MARA Ruth. 1. v. 20.

2.
Gleichwol kont ich mich erfreuen/
weil mir GOtt auch ließ gedeyen/
viel Gemüthes Gaben hier;
welche waren meine Zier;
Zwar solch Leib und Seelen Schätze
machten dem Glück kein Gesetze.

3.
GOttes Gnaden volle Güte/
bracht viel Trostes dem Gemüthe/
zu dem Jch mich täglich kehrt/
wie mich sein Wort hat gelehrt;
Der thät Hülff in manchem Schmertzen/
Der bracht Hoffnung meinem Hertzen:

4.
Jn dem da Jch schnell erblicket/
welche Er mir aus Gnaden schicket/
Die Himmlische Seelenfreud/
so dem Gläubigen bereit;
JEsus/ duncke mich/ ließ Sich sehen
schnell wars um den Blick geschehen.

5.
Doch wie Simeon vergnüget/
wann in seinen Armen lieget
JEsus/ wie Er hat begehrt;
Wolt drauf frölig von der Erd
Scheiden/ und in Friede fahren
satt an viel gezehlten Jahren:

6.
Also diese liechte Sonne
bracht der Seelen höchste Wonne/
Mein HErr JEsus stund vor mir/
welchen Jch auch mit Begier
Ansah/ drauf kam mit Verlangen/
Jhr die Welt Jhn zuempfangen.

7.
Nun den hab Jch! Welt ich scheide!
Hertzvertrauter Herr! Die Freude
trennt uns auch ein kleine Zeit!
Jn der süssen Ewigkeit
werdet Jhr mich wieder finden/
Da wir Uns auffs Neu verbinden.

Condolentiam testaturus & observantiam
F.
M. Joh. Götz/ Diac. Sebald.

❦ XVIII. ❦

1.
SO in Freuden/ so in Schmertzen
fromme Hertzen
Schauen ihren Heiland an.
Selig/ selig sind die Augen/
die da saugen
Hülffe von der Wolcken-Bahn.

2.
Will des Todes Sensen-stechen
Augen brechen;
Wendet Gott sein Angesicht
Oft zu manchem Todes-Schwachen/
und kan machen
Aus dem Dunckeln helles Liecht.

3.
Da kommt offtermal zusammen
Schweiß und Flammen.
Ihr nun Selig-klare Frau/
Habt auch dessen wol genossen/
schon begossen
von dem kalten Todes-Tau.

4.
In dem Schlaffen / in dem Wachen
kam mit lachen
Euch offt euer JEsus für.

Wol dem / der im Sterben schauet /
und vertrauet
Auff Ihm / als der Himmels-Thür.

5.
Jesum Simeon umbfahe/
leiblich sahe:
Ihr habt ihn geseh'n im Geist.
Drumb seyd Ihr auch abgeschieden
in dem Frieden/
Und gen Himmel abgereist.

*In bezeugung so wohl seiner Schuldigkeit / als Christlichen
Mitleidens verfertigte dies*

M. Carl Dietelmajer / Diac. der Kirch
zu S. Seb.

XIX.

Es bleibt ein alter Klag
die allgemeine Sag:
was sterblich / mit der Zeit vergeht!
Der höchsten Würden Pracht/
all andrer Schatten-pracht/
was Menschen sonst ergötzt/
worauf man baut und setzt/
muß sincken / wann es wird beweht
von dieser Todten-lufft
und neiget sich zur Grufft.

Was ist denn diese Welt?
Ein ödes Jammerfeld/
ein Schauplatz unser Sterblichkeit:
kommt Morgens einer an/
ist offt vor Nacht gethan/
daß man ihn schon vermißt/
und er von dannen ist!
Es zeiget sich die Eiteleit
in aller-besten Blum/
was bleibt/ ist nur ein Dunst.

Mit Thränen kommen wir /
mit Thränen leben wir/
mit Thränen fährt man in das Grab/
mit Thränen scharrt man ein/
ehe manch ihm groß und klein;

Mit Thränen man sich kräncket
ob die/ so man versencket;
Mit Thränen nimmt das Leben ab/
Und wendet offt die Noth
bey vielen erst der Todt.

O schneller Zeitenflucht!
O nichtige Lebensfrucht!
weh dich / vor todt besonders wehlt/
der wehlet eitel Web/
und liebt die wilde See;
vor vest und eben Sand
wehlt er ihm trübe Sand:
Dann/ so der Leichnam abgeseelt/
was hat man vor die Gunst/
als blauen Todten-Dunst?

Die Gottesforcht allein/
befördert Himmelein;
Wer dieses wahre Gut besitzt/
wenn aller Tand verschwindt/
da sicherm Reichthum findt.
Nun GOttergebne Blum!
laß alles willig hin;
Ob auch die Crantz-gliedbrennt und hitzt/
bringstu gewiß davon/
die güldne Lebens-Kron.

Worauf

Worauf auch rolle sich /
aus reinem Hertzens-Trieb /.
Frau Ditherrin / jetzt blaß und bleich /
von Jugend aufgewand;
Nun ist in GOttes Hand

Ihr sanfft-entbundner Geist /
so Seelig abgewust /
und gehe deß Lambs Jungfrauen gleich
mit Palmen voller Ehr /
Kein Unfall kräncket Sie mehr.

Seinem Hochverdienten Hn. Prediger /
Zu dessen Seel: Eheliebsten Christlichem Angedencken /
obliegender Schuldigkeit nach einfältig übersetzt von
M. Paul Weber / Diac. bey St. Sebald.

✻ XX. ✻

HErr / wie hoch wir auch betauren
Euer zu-gestandnes Leid /
halten wir in solchem Trauren
billich auch Bescheidenheit;
Weil ihr selbst wißt bester massen /
mit Gedult die Seel zu fassen.
Was war doch das lange Siechen
Eures treuen Ehgemahls /
die den Todt längst kunte riechen /
als ein Warten dieses Falls?
Was sie wünschte mit Verlangen /
hat sie Freudig nun empfangen.
Selig / dem deß Himmels Güte
also lang das Leben frist /
biß mit ruhigem Gemüthe /
Er sich zu dem Todt recht rüst!
Sollen wir denn traurig sehen /
weil ein solches Ihr geschehen?
Wer sein Elend recht erkennet /
hat der Sünden wahre Rew /
bleibt von Christo ungetrennet /
macht den Tauff-Bund täglich neu /
der ist wolgerüst und fertig.
nur des letzten Drucks gewärtig.

Nun / Sie hat sich wolgeübet
in der Creutz- uñ Glaubens-Schul!
Den / den Ihre Seel geliebet /
Schaut sie nun für Gottes Stul.
O wie wol geschiecht der Frauen /
die vom Glauben kompt zum Schaun?
Glück zu diesen neuen Ehren /
Neue Himmels-Bürgerin!
Diß soll uns den Trost vermehren /
weil wir wissen / daß forthin
Ihr von Eurem siechen Wesen
gantz vollkommen seyd genesen.
Und gesetzt / daß Eurem Leben
hätten zwantzig dreißig Jahr
können werden zugegeben /
Solte ihr / wie es leydlich war /
daß es länger mögen wehren /
auch nur eine Stund begehren?
Gott woll aber unterdessen /
was uns will bedüncken / hier
Euch abgangen sey / zumessen
Unsrer Kirchen Liecht und Zier;
Euch / Herr / woll der Himmel sparen /
und zu legen viel von Jahren!

Aus hochschuldigster Pflicht seczt sich Mittelbare dergestalt gegen dieser
Seinem hochgeehrten Herrn Antistiti
M. Johann Carl Stephani / Diener am Wort
Gottes zu S. Sebald.

XXI.

Es ist ein allgemeines Wort:
Wer in dieselben kommen auf Erden/
der muß von dannen wieder fort/
Die Erde muß zur Erde werden.
Dem Menschen ist das End bestimmet/
eh denn er seinen Anfang nimmet.

Wir gehen stracks dem Grabe zu/
wann wir aus Mutterleibe gehen/
Die Lebens Uhr hat keine Ruh/
sie lauffet fort/ ohn stille stehen.
Je höher unsre Jahre steigen/
je mehr wir uns zur Baare neigen.

Doch so gewiß das Sterben ist/
so ungewiß ist dessen Stunde.
Drum bleibe stäts gerüst/ O Christ!
Daß du mit frohem Muth und Munde
den Tod mögst recht geschickt empfangen/
wann er auf dich kommt zugegangen.

Wer wol zum Sterben ist bereit/
der kan fürwar nicht übel sterben.
Wilt du nach dieser Sterblichkeit
das Leben in dem Tod erwerben:
So laß den Tod in deinem Leben
dir immerdar vor Augen schweben.

Wie freudig ist doch Simeon
in Friede weiland hingefahren!
Will jemand auch so fröl. davon/
der sich bey seinen Lebensjahren/
mit nimmer abgekehrten Schritten/
in dieses GOttes Tugend tritten.

Er/ Simeon/ hat freylich wol
den Tod im Tode nicht erblittet.
Warum? Er war deß Lichtes vol/
das in der Todesnacht erschrittet.
Das Leben gab sich ihm zuschauen/
wie konnt ihm denn für Sterben grauen?

Nun/ wer von Simeon entnimmet/
bey noch gesunden Lebenstagen/
das Hertz/ worinn der Glaube glimmet/
und Arme/ die den Heiland tragen/
der kan in Todesnoth/ der Augen
deß Simeons sich auch gebrauchen.

Das wuste wol die Tugendkrohn/
die unserm LEHRER war vermählet/
und nunmehr lebt vor Gottes Trohn;
An Glauben hats Ihr nicht gefehlet:
Sie pflegte JESUM/ Ihr Verlangen/
in heißer Liebe zu umfangen.

Daher Sie Seines Angesichts
auch auf dem Siechbett noch genossen/
und/ krafft deß hellen Gnadenlichts
die Augen frölich zugeschlossen/
die Augen/ die sich nun in Freuden
an Seiner Schönheit ewig waiden.

Der/ in GOtt seelig ruhenden Matron, meiner weiland geehrten Frauen Gevatterin/ zu letzschuldigen Ehren setzet dieses ich

Adolf Saubert/ Caplan der Kirche zu St. Sebald.

XXII.

1.
Du frommer Simeon!
du bist es nicht allein/
der Jesum/ Gottes Sohn/
in Arm und Hertzens-Schrein/
mit wahrem Glauben hält/
und friedlich von der Welt
will abgefordert seyn.

2.
Noch mancher frommer Christ/
hat/ (wo nicht gleiches Glück/
daß er den Heiland küst)
doch gleichen Glaubens-Blick:
hält in dem Hertzen den/
den du im Fleisch geseh'n/
und wirfft die Welt zurück.

3.
Die Welt mag immer hin /
   nach eitlen Dingen sehn;
Er lässet Hertz und Sinn
   bey seinem Heiland stehn /
schleust Ihn mit Freud in sich /
   und denckt: so will auch ich
im Fried von hinnen gehn.

4.
Hier mag sich Noth und Todt /
   und Jammer melden an;
Er siehet nur auff Gott /
   der alles wenden kan;
Gott ist sein Fried und Freud;
Mit Ihm ist Er / im Leid /
   auffs allerbest daran.

5.
Spricht JEsus: (wie Er thut)
   sey frölich / du bist mein!
Mein theur-erlöstes Gut /
   Du solt mein eigen seyn:
Komm / such' *allhier / O Glied!
in meinen Armen Fried /
Ich schließ in mich dich ein:

* F. Maria Dillherrin / versetzt: allhir in Arm Frkd:
oder: in Arm all' ihr Fried.

6.
So schmiegt ein glaubigs Hertz
   sich bald in solchem Trost;
sagt / in dem grössten Schmertz:
   HErr / du hast mich erlöst!
Dein bin ich / weil ich leb;
   an dir ich bleib und kleb /
auch wenn der Leib verrost.

7.
Was heist bey JEsum sehn /
   Wann es nicht dieses heist?
Was hin im Friede gehn /
   Wenn man nicht Jesum preist?
hier / siehe man Ihn / im Wort /
   biß Er uns ewig dort
sein völligs Antlitz weist.

8.
Und so hat Ihn gesehn /
   diß fromme Christen-Glied /
Ihm wolt's in Armen stehn /
   *in Arm war all' ihr Fried.
Im Friede fuhr sie hin;
Freud ist nun ihr Gewinn.
   O seeliger Abschied!

Der Seelig-Verstorbenen Frauen / zu letztem Ehren /
legte dieses schuldigst /
M. Conrad Feuerlein / Caplan /
   zu S. Egidien.

❊ XXIII. ❊
LESSUS.

Indicit,
Pietâs ostendens signa cupressi,
   Indicit,
caput obnubens *Ecclesia* tristè,
   Indicit,
squalens atrato syrmate *Musa*,

Publi-

Publicum & immenfum luctum;
Lugente DILHERRO.
Publicus eſt luctus:
Pietas, Ecclefia, Mufa,
Queis orbis perſtat, celſus queis ſcanditur æther:
cum lugent.
Aſt nunc lugent:
Lugente DILHERRO.
Lugent:
Namque Animam *Pietas* amplectitur ulnis
Hanc ce ſuam catis;
Dolet Ipſa, dolente DILHERRO.
Lugent:
Namque ſui venerans *Ecclefia* Patris
Zelum divinum,
Gemit Ipſa, gemente DILHERRO.
Lugent:
Namque ſui ſupremi Præſidis altam mentem
Mufa colit;
Plorat, plorante DILHERRO.
Ergo:
Quando doles, quando gemis,
atque, DILHERRE, cum ploras;
Nobis fit luctus publicus ille.
Fit noſter luctus:
Sicut Tua gaudia, noſtra cenſemus.
Tecum,
Pietas, Ecclefia, Mufa,
VIR pie, VIR ſancte, & VIR docte!
manentque caduntque.
Eja juvet,
Lacrymis, gemitu, cordisque dolore,
quem nunc fata ferunt,
Noſtrum exemiſſe DILHERRUM!
Eja juvet,
Pietas, Ecclefia, Mufa,
DILHERRUM,
Jam non vidiſſent,
Flere & gemere atque dolere!

Eja juvet,
Sociam vitæ superesse,
Suumque,
Ætate effœta,
belle curasse DILHERRUM!
Ast aliud jussit Fatum:
Parere DILHERRUS jam didicit satis;
Parendo vincere fata jam didicit.
Verbis alios factisque docebit,
Quo vultu deceat, quo pectore fata tulisse:
Ipse sui consolator,
Sulator allus.
Adsunt solatum:
Pietas, Ecclesia, Musa.
Ast infractum animo,
Perduravisse DILHERRUM,
Mirantur, gaudent.
Indicunt publica vota,
Linguis ac animis centum dicenda DILHERRO.
Prima infit *Pietas*:
Mihi mens, mihi spiritus esto,
In terris per quem vivam Ipsa animata,
DILHERRUS.
Sed quoque ero vice versa,
Ego mens, ego spiritus Illi,
Per quam animatus erit semper,
meus Ipse DILHERRUS.
Posthæc emittit sanctas *Ecclesia* voces:
Nectar & Ambrosiam loquitur
Sancto ore DILHERRUS;
Nectar & Ambrosiam gustet
Sancto ore DILHERRUS.
Musa,
Heliconiadas, facto agmine, convocat omnes.
Ecce! DILHERRUS,
ait,
Nobis sit, vivat Apollo!

Hisce debitam observantiam, erga Mœcenatem & Patronum,
affectu sanctiore quam verbis, testatum fuit
ANDREAS UNGLENCKIUS. Diac. ad Sp. S.

XXIV.

ES ist ja freylich wol mit Thränen zu beweinen /
Wenn man / wie elend wir / und mehr fast als wir meinen /
ein wenig überlegt; Es bleibt / was Sprach sagt /
Und was dem weisen Mann schon mancher nach geklagt:

Sir. 39. v. 1.
Es ist ein elend Ding aller Menschen Leben /
Von Mutterleib gleich an / muß man in Aengsten schweben:
zeucht hinn ein altes Creutz / so kommt ein neues nach /
und folget bald auf das / dann wider neue Plag;

c. 40. v. 2.
Nichts bleibt als stete Sorg / Forcht / Hoffnung / letzt / das
das hat man zum Gewinn dafür / das zu erwerben (Sterben /
Sich mancher unternimmt; Er sey arm oder reich /
Er sey groß oder klein / so hält uns alle gleich
Die allgemeine Noth / die keinen übergehet /
wenn er auch noch so nah an Glückes Spitzen stehet;
der klaget Hertzens-Angst / ein andrer sonst erkrankt /
ob mancher gleich in Gold-und Seidnen-Hadern prangt;
So fühlt er doch sein Weh / und hat sein heimlich Grämen /
das im Verborgnen nagt / und deß er sich muß schämen /
im Fall es kundbar wär. Wol dem / der solchem Leid
durch sanffte Ruh entkommt bey recht erwünschter Zeit!
Wie Frau Dilherrin ist; nach dem sie viel erlitten /
und manch elende Nächt geduldig überstritten;
Wol Jhr! Sie hat dem HErrn im Glauben obgesigt /
der sich im Creutz verstecket / und sie so lang betrieget.
Jetzt ängstet sie nichts mehr / sie kan nun sicher schlaffen
nach abgelauffner Last / nichts giebt ihr mehr zu schaffen /
in ihrem Kämmerlein erwartet sie bereit
der guldnen Lebens-Kron in jener Ewigkeit.

Zu bezeugung Christ-Schuldigen Mitleidens / dero Creutz seinem Grosen HErrn Gott beedehmütigst und eilfertig übersendet von

M. Johann Cornelio Marci, Pfarrern
zu Pommelsbrunn.

XXV.

DEm Menschen sind gesetzt gewisse Monden-zahlen /
Hiskias gieng zu ruck die Sonn mit ihrem lauff /
... ...
... ...

Hiob XIV.
5.
Sir. XLVII.
28.
Ec. XXIII.
2. v. 7.

Doch trau/ Die sie nicht werden weiter an sich arten | 2. Reg 20.
sein neues Jahrs-Ziel. O Das sehe Die Zeit in-Händen: | v. 11.
denn sonst Er so: denn so: doch kans ein Mensch auch wenden; | 2. Cron.
nach dem er sonst auffTod die Jahre ihm beleiten. | 32. v. 33.
Wiewohl diß seslich ist: kan doch hier kein vorwenden/ | Ps. 31. v. 6.
aus der verlauffnen Zeit/wer wohl/und doch wird sterben/ | Exod. 23.
das vorbereite Reich/daß Gnaden-Leben erben | v. 27.
Die/welche Glauben halten/durch Kampff den Lauff vollenden. | 1. Sam. 2.
Schreib/selig sind die Todten! die so im Herrn sterben: | v. 31 32.
von nun an: ruhen sie von ihrer Arbeit au/ | Sirac. 30.
spricht dort der heilig Geist: und prediget überall/ | v. 26.
ihr Wercke folgen nach/und Christi Lob erwerben. | vid. Pred.
Wolt wetten! die Matron(Oder wie zu Ehren schreiben | Sal. 9. v 1,2
diß gringe leich-gedicht)solt ihr die Sonn zurück | Matth. 25.
sich kehren zehen Jahr/nach des Hiskia Glück! | 34.
daß sie noch funffzehn Jahr/solt in dem leben bleiben: | Rom. 6 v.
Sie würde rauschern nicht. Hat Sie schon du erblicket | 23. Eph 2.
als Sie bald sterben solt ihres Hertzen Sonnen-liechte/ | v. 8.
ihres Freundes/ ihres JEsu sein verweißt Angesicht/ | 2. Tim. 4.
und sich in Ihm verliebt: weil Er sie hat erquicket? | v. 7.
Was solt sie wechselweiß der schwartzen Kohlen-Hütten | Apoc. 14.
erst wieder werden gleich? Ich hab/den hat geliebt | v. 13.
mein Seel/ich halte Ihn/spricht Sie: Ich hab grösse | Math. 25.
mich in dem Schrancken-Lauff: und hab Ihn mehr erfahren. | v. 35.
Ergetze dich an dem/der die ist auserkoren | Mal. 4. 2.
unter viel tausenden/du Himmelsbräutgen! | Cant. 5. v.
auch wollen künfftig wir viel mehr seyn Pilgerim: | 10.
und uns an dem ergetzen/ der auch uns ist gebohren. | Cant. 2, 5.
Cant. 5. v. 10. Phil. 3. v. 20. Esa. 9. v. 6. | Cant. 1. 15.
| Cant. 3. 4.
| 1. Cor. 9.
| v. 24.

Diß geringfügige schrieb aus schuldiger Observantz

M. Martin Mair/ Pfarrer zu Veitsbronn.

XXVI.

EIn blosse Thorheit ists/ wer mit entlehnten Sachen
bey Leuthen sich will groß und angenehme machen;
Wer solch entlehnte Wahr dem Eigenthum vergleichet:
Wer darauff hochen will/und dencken: O villeicht/
Wird diese frembde Wahr mir einsten noch gedeyen
Zu meinem Eigenthum. Wie grossen Wehe-Schreyen
Wird dort/ an jenem Tag/ der Welt-ergebne Hauff/
Fürwar/ betrauren offt/ daß er im Sünden-Lauff

Tuff das/ was Gottes Hand ihm lehensweiß vertrauet
(Das Leben meine ich) so gänzlich hat gebauet/
Als wärs sein Eigenthum. Wir/ die wir wollen klug/
Und einsten seelig seyn/ lernen mit gutem Fug
In der Frau Dilherrin/ so ihr entlehntes Leben/
Dem Liebhaber des Lebens/ Gott wider hat gegeben:
Daß aller Menschen Leb'n herkommen sey von Gott/
Und Gott fodert es ein/ durch einen sanfften Todt.
Dieses setzte zu beständigem Angedencken der seeligen Frauen auff
M. Johann Leonhardt Ströbel/ Pfarrer in
Röttenbach/ bey St. Wolffgang genannt.

XXVII.
Allusio ad verba funebria,
Luc. 2. vers. 30.

WEr friedlich fahren will zu dem/ der uns das Leben
Aus unverdienter Gnad durch JEsus Heil gegeben/
Der muß all' Augenblick recht seyn zum Tod bereit/
Und dencken bey sich selbst/ jetzt kommt mein letzte Zeit:
Die Zeit/ die mir bestimmt; darumb will ich mich wenden
Zu meines JEsus Heil; mit ausgestreckten Händen
Will ich umfangen ihn. Es kan nicht anders seyn/
Mein Gott wird durch sein Heil mich führen Himmel ein.
Wer so gesinnet ist/ der geht gantz friedlich schlaffen/
Und hat mit alle dem/ was Welt ist/ nichts zuschaffen/
Er schläfft und ruhet sanfft in kühler Erden Grufft/
Biß seines JEsus Heil ihm seelig wider rufft.
Und spricht: Steh eylend auff/ der Himmel stehet dir offen/
Auff den die Sterblichen in diesem Leben hoffen;
Jetzt führ' ich dich dahin/ wo deines Gottes Heil
Du ewig schauen wirst/ des Hertzens Trost und Theil.
Weil dann Hochwerther Hertz/ auch dieses hat erwogen
Eur's Hauses-Cron und Ehr/ so ist sie hingezogen/
Wo Simeon jetzt ist/ mit dem sie recht erblickt/
Was in der Todes Angst sie Schattenweiß erquickt.

Zu letzten Ehren der Seelig verstorbenen F. Predigerin/ setzte dieses Pflichtschuldig/ doch Wehmütig bey

Johannes Georgius Schultheiß/ verordneter Pfarrer
zu Böttenbach und Kemfrach.

Heu

XXIIX.

Heu mihi! quam dubio titubant mortalia nutu!
Eheu quam subitò, quæ viguére, ruunt!
Quam prius optatùm res nostræ aptantùr ad usum;
Momento repetit, qui dedit ante, Deus.
Verùm etsi curas ferat hoc, magnumq; dolorem,
sunt toleranda tamen, ceu cecidere, mala.
Nec fas est, tacito sub pectore volvere murmur,
nec jacere in cœlum tristia verba licet.
Vix, Dilherre, unquam passus graviora videris,
vix potuit major te lacerare dolor;
Quam tibi dum Conjux, pax, spes, requiesq; laborum,
Dimidiumq; animæ, dulce levamen obit.
Sed tua te doctrina monet, prius actaq; vita,
esse leve, è cœlo quod patiare malum.
Ergó quibus verbis aliorum avertere curas
promtus es, hæc animo sint medicina tuo.
Deniq; te potius serves nobisq; tuisq;,
ut porrò Musis sic superesse queas.
                    Συμπαθείας ἴκνα *transmittebat*
              Adamus Banner, Scholæ Sebald. Rect.

XXIX.

Beate defuncta loquitur.

Non mortem defleto meam, Charissime Conjux,
  finio dum vitam, vivere Ego incipio.
Luctu, tristitia bis, mœroris & omnia plena:
  In Cœlo risu lætitiaq; fruor.
Ne nimiùm mea, tristitia, rogo, gaudia turbes:
  Quod volui, Christum lumina clara vident.
              M. Johanes Graßmann, Scholæ Laurent. Rect.

XXX.

Ist der scheue-stab gebrochen ? ist das Urtheil dann gefällt /
Von dem blassen Menschen-würger ? wasset Ihr von dieser Welt
Werthe Frau und Tugend Krone? Wohin wandert Euer Geist?
Wohin wandert Eure liebe ? warum nimt es seyn verreist ?
Warum tröst Ihr Den verlaßn. Der Euch noch im Tode liebt?
Was durchherbet Ihr das Hertz dessen / Der Euch nie betrübt?
Es wirt ja mit Ach ! verlohren was man hat gehalten werth
was man liebet / wird mit Thränen / wann es hin ist / effrt begehrt.

Felsenfeste Helden-Sinnen lassen Thränen vor sich gehn/
wann ihr liebstes Hertz entseelet, sehr in Schmertzen von sich sehen.
Doch man hat noch nie vernommen, daß durch Thränen Klage-Wort
wiederumm zu rück gekehret unser Gast von diesem Ort:
Da er herrlich wird bekleyt von der Seraphinen Schaar/
da er sähet an sein Ebenbild so viel hundert tausend Jahr.
Warumm solt denn wiederumm nur Himmel und Erde Sternen-gaß!
Euer Geist in diese Helle, hier in diese schwane lass?
Jetzund gönnet mit Euch der Himmel/Eure Seele wird erfreut/
weil sie ohne Sterben lebet in der grauen Ewigkeit.

Ihr seyd zwar von uns entwichen, dannoch glänzt der Tugend-Schein
Eures Lebens sonder Ende/ob gleich ruhen die Gebein
in der Erden ; seinem Hertzen hat HERR DIlHERR eingesencht
Eurer Nahmen/Eure Treue dem Gedächtnis eingeschränckt.
Nun wir lassen Euch von Himmel. lasse GOtt mit dieser Erd/
daß HERR DIlHERR spät von hinnen Himmel-auff gezucket werd!

*Mit diesen Wenigen hat sein verpflichtes Gemüth bezeugen/ und
der Seelig. Frauen Hinterin/ eine gebührende Schuldig-
keit/ bezehren wollen*

M. **Simon Bormeister**, Rector ad Sp. S.

XXXI.

Conjux chara TIBI quamvis, VENERANDE DILHERRE!
 Erepta charo sit sinu maturius;
Juncta tamen nunc est Christo, fruiturque subinde
 Vitâ beatâ & gaudiis perennibus.
Vita TIBI verè nunc est, *Matrona Beata!*
 Cum liberata sis malorum turbine,
Quæ miseros homines urgent, ut ubique locorum
 Mori magis, quàm triste vivere expetant.
Fundere jam lachrymas plures pro *conjuge* mittas,
 Cùm nacta sit cœlestibus frui bonis.
Quin nunc intimiùs, DOCTOR VENERABILIS! opto,
 Ut serus admodùm petas cœlestia
Atria; sed potius vivas, multosque per annos
 Adsis *Scholis*, agasque res *Ecclesiæ!*

*Tantum, hâc voce, Lugens optat Venerabili suo Præceptori
ac Patrono Indulgentissimo*

M. JO. ELIAS REVV, Alumn. Nor.
& Oecon. Insp.

XXXII.

Als Nämlich sich begeben
  wiederum gen Bethlehem/
also saure der Ruth zu leben/
war es ihr nicht angenehm/
da man sie noch untern Thor
hat genennet/ wie hervor.

1.
Diese wolte Mara (a) heissen/ (a) das ist bitter
nicht Naemi (b) in der Stadt/ oder betrübt.
weil sie muste viel verheissen (b) das ist anmuth/
und erdulten früh und spat/ in Lust.
biß sie wieder aus der Noth
hat geführet der grosse Gott.

3.
Frau Dilherrin hat bekommen
  diesen Namen bey der Tauff/
auch Maria angenommen
biß an ihren Lebens-Lauff/
welche aus dem Vatterland
hat geführet Gottes-Hand.

4.
Was für Bitterkeit ertragen
dieses Weib/ als noch die Flut
und die grosse Krieges-Plagen
weggenommen Haab und Gut/
hat sie offtmals uns erzehlt/
biß sie Nürnberg erwehlt.

Im Jahr:
FraV Maria DILherrIn Ist Vberhaben aLLer Noth.

Zu schuldigen Ehrengedächtnis setzt dieses
Georg Widman/ des Gymnasii Con-Rector.

5.
Hier hat sie den Staub verhüllt/
und das Glück genommen an/
in dem solche hat gefreuet
ehlich der Hochwerthe Mann/
den man billich hier hoch ehrt/
weil er hohe Sachen lehrt.

6.
Was der Stagirit getrieben/
was gethan der Plato süß/
was der Virgil hat geschrieben/
ist ihm aller Dings bewust/
daß uns durch Kunst und Verstand
Dieser Herr ist wohl bekand.

7.
Nach dem sein Weib ist verschieden
seelig aus der bittern Welt/
lebet nun in süssen Frieden/
in dem sichern Himmels-Zelt/
wird der Herr das nehmen an/
mit dem er uns trösten kan.

8.
Wir anwünschen noch von Hertzen/
daß ihn Gott noch lang erhalt/
und abwende seines Schmertzen/
daß er werde ruhig alt/
biß ihn Gott auch unter Zeit
setz zur grauen Ewigkeit.

XXXIII.

ICh weiß nicht/ was ich soll zu diesem Tode sagen?
Muß denn auch dieser mir empfinden solche Plagen?
  Der ohne Unterlaß/ wie ein getreuer Hirt/
  Zu seinem lieben Gott/ viel tausend Schäfflein führt.
Ich dacht'/ es solte ihn kein Unglücks-Fall betrüben;
Doch weil er seinen Gott pflegt inniglich zu lieben/
  Liebt solcher wider ihn/ kommt mit dem Wechsel ein/
  Und spricht zu diesem Paar: es muß geschieden seyn.
Drauff muß das Tugendbild/ Frau Dilherrin weghingehn/
Danckt ihrem Herren ab mit geistes-vollen Sinnen/
  Und eilt der Seelen nach/ zum Himmels-Leben zu/
  Und legt der Seelen Hauß/ den toden Leib/ zur Ruh.

Ob diß nun solle seyn des Hertzens-Schmertzen Plagen/
Wird wol fast keiner seyn/ der das mit ja wird sagen:
Nur bald und wol davon/ das ist ein Glückes-Blick/
Weil ein Mensch wird entführt der Menschen List un̄ Tück.

So wol auß geziemender Observantz/ als Christlicher Wehmuth hinzugethan von

M. **Johannes Mattheus Misseln**/ Con-R.

✣ XXXIV. ✣

Die Jungfern werden selbst von Christo klug gepriesen/
So auch bey Nachtes-zeit auffwärtig sich erwiesen/
  mit ihrem Glaubens-Oel/ daß sie nicht ohne Liecht
  gefunden würden/ wann der Bräut'gam einherbricht;
Dann solche wurden auch/ da selbiger ankommen/
Als fertig/ und bereit/ in den Saal eingenommen/
  allwo das Freuden-Mahl/ vom HErrn war angestellt/
  da auch der Bräut'gam selbst sich ihnen zugesellt.
Hingegen wurden die/ als Thöricht/ ausgeschlossen/
Die ihre Lampen anzufüllen hat verdrossen
  mit wahrem Glaubens-Oel; da sie in grosses Leid
  gestürtzet worden seynd/ in alle Ewigkeit.
Diß hat Frau Dilherrin stetigs bey sich erwogen:
Deßwegen Tag und Nacht den Sinn dahin gezogen/
  daß sie bereit erschien/ mit ihrem Glaubens-Oel/
  wann ihr Seeln-Bräutigam sie ruffet aus der Höl
Deß abgematten Leibs; wie sie auch hat gelassen/
Mit Freuden/ von ihr weg zu zieh'n die Himmel-Strassen
  die Seel/ des Leibes-Gast. Nun warten ihre Bein/
  derselb'n Vereinigung hier unter diesem Stein;
Daß sie beysammen auch geniesen derer Freuden/
So unaussprechlich seyn/ gleich wie sie auch das Leiden
  auff Erden unzertheilt gehabt/ welchs werden wird/
  wann in der Herrligkeit erscheinet der Ertzhirt.

Zur bezeugung seiner Christschuldigsten Condolentz hat dieses hinzufügen sollen

Johann Steinkheimer/ Gymn. Collega.

✣ XXXV. ✣

Es sind fast vierzehen Jahr nunmehr dahin geflossen/
Von dem an ich/ von EUCH/ viel gutes hab genossen/
Von euch/ ihr Treues Hertz! Ach der so kurtzen Zeit!
Die mich so hoch betrübt/ als sie zuvor erfreut.
Nun Gott/ dem Wunder-Gott der nichts denn Guts kan schaffen/
In dessen Heiland ihr/ wie Simeon/ entschlossen/

Dem

Dem sey es heimgestellt: Der wolt/ durch seine Huld/
Im Leben und im Tode/ fort alles machen gut!
Also betrauret seiner Hochwerthen Frau Gevatterin/ und grossen
Wolthäterin seeligen Tode

Johann Ulrich Augenstein/ Supremus und
Cantor der Schul zu St Sebald.

XXXVI.

WJr haben ein Zweck in diesem Leben/
Der uns gesetzt. Wir müssen alle geben
 Dem Tod die letzte Beut!
 Es gilt kein Unterschied!
Wir können seiner Macht nicht wiederstreben.

2.

Des treu-belobten Manns in Noris Lande
D J HERRENS Ehgemahl beglaubt den Stande
 Durch ihren Abschieds-Kuß
 Durch ihren letzten Gruß/
Als sie sich von der Welt gen Himmel wandte.

3.

Nun sie ist zwar dem Leib nach uns entrissen/
Die Seel hingegen aber ist geflissen/
 Zu schauen ihren GOtt/
 Den grossen Zebaoth/
Da/ wo sie keine Trübsal mehr wird wissen.

4.

Wohl! Gott/ der diese Wunden hat geschlagen/
Wird sie auch wissen helffen zu ertragen!
 Er wird den Todes-Riß
 Ergänzen gar gewiß/
Und einsten dieses Leid mit Freud verjagen.

Patrono & Promotori honorandissimo humilime cum πάχει mittit
JOHANNES GEORGIUS **Gaßmann/** Scholæ
Hersbruccensis Rector.

XXXVII.

SIccine cum Costâ, de TE concepta, Patrone,
 Spes successuræ Prolis humata cadit?
Dignior in ramos excrescere mille, securi
 Stirps (eheu) mortis dimidiata gemis!

Sed gemitus procul esse jube! Fortuna novercans
   Promta, Patrone, Tuâ redditur arte Parens.
Prolis ut hæc repleat defectum, cernis abunde;
   Dum Magnis Patrem Te facit esse Viris:
Qui Te suspiciunt, fortunarumque suarum
   Te Largitorem Patris adinstar amant.
Hac, qua Te præstas benefactis, arte, Parentem,
   Naturam, quæ Te Prole beare diu
Desiit, eludis? Nec post Tua Fata negabit
   Quis, de se Nomen Te meruisse Patris.
Ex quibus innumeris Tibi plus solaminis Unus,
   Quam fert Heroum Noxa Propago, feret.
His ego Luminibus cedo scintilla corusis
   Sponte, velut Lunæ Stellula luce minor:
Par tamen; acceptam quia nulli, quàm Tibi Soli,
   Coguntur mecum Lampada ferre suam.
Ac licet atra Tuam nunc velent nubila Frontem,
   Unde simul nobis ora genæque squaleant;
Discuties animi radiis tamen illa repente,
   Sicque serenabis nos magis atque magis.

*Hinc debitam observantiam erga Patronum Max. testatum, hujusq́;
Magnificentia, post fata quoq; (mensâ ferâ) non in Liberorū, sed
Clientum studiositate per immortalitatem immortalitatem ostensum fore*

   MICHAEL DÜRRIUS Jun. Scholæ
       ad Sp. S. Collega.

XXXVIII.

Uxoris dilectæ obitum, CLARISSIME FAVTOR,
   Justè deploras; Nam, scio, causa subest.
Ast audit Pietas, cui sunt cælestia curæ,
   Luctisonos questus ut moderere, jubet.
JOVA TIBI, thalami qui vivis lege solutus,
   Adsit, & omne malum vertat in omne bonum!

   Anno quo
DILherra nVnC eSt In forMInIbVs Petræ.

      Pauca hæc debitæ Condolentiæ testandæ ergo apponebat
         CASPARUS Bechmann / Scholæ
                Sebaldinæ Collega.

                              Trauer-

XXXIX.
Trauer- und Trostwort
auf den seeligen Abschied
der in Christo sanfftruhenden Frau Ditherrin.

Er weisse Heraclit/ ließ immer Thrænen fliessen/
Er sahe/ was er sah/ so ließ er Zähren schiessen.
 Er merckte Nichtigkeit/Leid/Jammer/Angst und Noht;
 Die kurtze Lebens-Frist/ und den gewissen Tod.
Ja/ dieses wer bedenckt/ der Freude wird vergessen:
Die nichtig' Eitelkeit wird Zähren ihn auspressen.
 Die tausendfache Noht/ der Stand/ so kein Bestand/
 Wird lencken seinen Sinn/ nach einen andern Land.
Nach jenen schönen Land/ wo frey von allen Mängeln/
Von aller Last entlast/ bey Gott/ und bey den Engeln/
 Lebt der entzuckte Geist/ von Welt und Plagen los;
 Lebt/ wo nach er gestrebt/ in Jesu Hand und Schos.
Die flüchtig Nichtigkeit; das Leben/ so kein Leben/
Ob es schon Leben scheint/ weil es dem Tod ergeben/
 Hat diese Werthe Frau bedacht/ und es gehasst/
 Weil kein Beständigkeit sie fand/ und keine Rast.
Sie wünschte/ daß der Leib/ entlehnet von der Erden/
Der Erden werden mögt/ entbürdet von Beschwerden:
 Daß frey die Seel/ von Qual/ den hohen Himmel zu
 Die schnelle Reis angieng/ und käme zu der Ruh.
Der Wunsch ist ihr gewährt. Der/ welchem sie gebohren;
Den sie für ihren Herrn/ und Heiland hat erkohren/
 Der sie bald hat gemacht von Jammer-Banden frey/
 Kurtz vor den Tod bezeugt/ daß er ihr Retter sey.
Dann als sie enden wolte/ ihr schmertzen-volles Leiden;
Die Seel/ der werthe Gast/ wolte aus dem Leibe scheiden/
 Ihr JEsus wiese sich/ mit Gnade/ daß sie sprach:
 Ich JEsum hab' erblickt/ verschiede sanfft hernach.
Sie ist geschieden wol. Die Seel ist aufgefahren
Ins Schloß der Göttlichkeit/ zu frommer Seelen-Schaaren/
 und den drey-einen Gott anschauet/ leuchtet gantz/
 Viel heller als die Sonn/ in Engel-schönen Glantz.
Geniesset stete Lust/ geniesset solche Freuden/
Die JEsus ihr erwarb/ mit seinem Tod und Leiden:

Bey froher Burgerschafft deß Himmels jubiliert/
In alle Ewigkeit/ von Leiden unberührt.
Die schlummrenden Gebein' in dessen wohl bewahren
Die Engel/ biß sie wird der Richter offenbahren/
Der sie wird bringen her aus ihrer Grabes-Höl/
Verklären schön/ den Leib vereinen mit der Seel.
Weil sie nun an dem Ort/ an den wir alle sollen/
Dahin/ wo eben wir auch einmal alle wollen:
Wird die gewünschte Freud nun ihrer Seel gewährt/
Die jedes unter uns von Herzen auch begehrt.
So wollen wir damit aufrichten unsre Sinnen/
Und beyder Augen Quell nicht länger lassen rinnen/
Vergönnen ihr die Freud/ auf Folge seyn bedacht;
Dann noch uns auch der Tod zu blaichen Leichen macht;
Daß wir bereitet recht/ aus dieser Welt abscheiden
Zu reiner Engelschaar/ zu Paradieses Freuden/
Wo Sterblichs nichts mehr ist; wo nimmer herrsche der Tod;
Wo Neckar fleust/ geneust die Seel das Engelbrod.
Der grosse Lebens-Fürst/ wann es mit uns zum Sterben
Kommt/ laß uns enden wohl/ sanfft/ seelig/ und erwerben
Was nun erworben hat Herr Dilherrns Ehgemahl/
Von hier uns führ zu Ihr/ in seinen Himmels-Saal!

Zu schuldigen letzten Ehren/ Wehmütig verfertiget von
M. **Christoph Paul Spies** Gymn. Coll.

❦ XL. ❦

EPITAPHIVM.

D ILHERRI Magni tegitur lectissima Conjux
  hoc saxo; cujus fama superstes erit:
    Quæ verè CHRISTUM coluit, Doctumque Maritum,
      integra conservans vincula sacra tori,
  præluxitque aliis multis virtutibus, inter
    foemineum sexum, ceu cynosura, micans.
Sicut & in vita CHRISTUM dilexit, Eidem
  Sic moriens animam reddidit illa suam:
Nunc igitur celsa lætatur in arce polorum,
  & vitæ summæ gaudia summa capit.

Debitæ observantiæ, & declarandæ συμπαϑείας ergo,
mæstus posuit
JOHANNES SEXTUS, Scholæ Sebaldinæ Collega.
Sonnet.

XLI.
Sonnet.

WEilen euch / Hochwerther Herr! Gott in Traurigkeit gesetzet /
Trauren billich alle die / so euch hertzlich sind geneigt /
Daß er euch in diesem Jahr so ein hartes hat erzeigt:
Mir ist selbst ob euren Leid auch der Sinn und Muth verletzet.
Trucknet ab den Thränen-Bach / der die Wangen hat benetzet;
Die / so ihr bethränet jetzt / ob sie schon ist gantz erbleich't /
Hat sie doch der Seelen nach ihren Heiland schon erreich't /
Jetzt wird sie von seiner Hand alles ihres Leids ergötzet.
Was der Tod uns hat entwandt / stellet er uns nimmer zu /
Darumb wird das beste seyn / man laß sie in ihrer Ruh.
Was ich wünsch / ist dieses nur: Gott woll' euer Trauren wenden /
Der woll' euch verlassen nicht / schuld da die grauen Haar
Wegen Alter finden sich / euer nehmen fleissig wahr;
Und verhüt / daß uns nicht geh' unser Dil Herr auß den Händen.

Mit diesem wenigen hat seiner Excell. gehorsamlich condoliren wollen

         M. JOH. CHRISTOPH. STOY,
         Cantor in Herspruck.

XLII.

Non stat iners glacies semper: Lunaug, per omnes
   Alta abies aquilone laborat.
Nec Sol perpetua capricorni fidus habenа
   Obtinet: aut sine fine capillus
Stat raptis quercum. Nec luxum Chloris in hortis
   Æternum deperdit & umbram.
Namque dies veniet, rutilis qua clara pyropis,
   Sole recente, quadriga micabit:
Cuncta Semiramidis fient & Adonidis horti,
   Quaque Ceres bene pexa nitebit.
Vir quem non terit aut terret, nec frangit & angit

Impavidum ferient lapsu, vel Apollinis ora
  Expertus dignissima credit.
Hinc, adamas veluti fera brumâ perennat in igne,
  Et glacies stat gemma flammis.
Qualis item constans perstat Nasamonia rupes,
  Cum tantùm spumans furit aequor.
Quantum vix resonat motu incudibus Aetna,
  Cum feriunt Brontes Steropesq́;
Non secus ille crucis mediis tranquillus in undis,
  Tollit murum abeuntem ora.
Has tonitru Nemees, & Pollux, arte valentes,
  Sub pedibus vaga sidera calcant.
His Te, Praecellens Heros DILHERRE, meropteum
  Cen socium annumerare juvabit.
Mens excelsa Tibi, quae nunquam plaustra laborum,
  Vel strepitu, malè firma morata est.
Quare & nunc animis opus est, nunc pectore firmo,
  Cùm jaceat Dulcissima Cunjux:
Lumine quam fortuna semel aspexerit udo,
  Saepius hunccce ferire placebit.
Det sua jura dolor lacrymis, animusq́, dolori.
  Terrent sape silentia fatum.
Non plumbum plumae, non duris mollia cedunt:
  Nec lacrymas sors ferrea vitat.
Temporibus miseris thi Parcae parcere nolunt,
  Non misera est, sed vere beata.
Rite beata nitet, cui fata serena dederunt,
  Aethereis mutasse caduca.
Conjugis hoc nobis solamine vincere mortem,
  Ac maestissima damna rependere.
Verùm quis soli lumen, quis deferat undam
  In mare, quis tribuat mel Hymetto?
Nostra haec si lumen, si mel Tibi, & unda, DILHERRE;
  Tu nobis mare, Sol, & Hymettus.
Interea uxoris properans quod demsit ab annis
  Parca, Tibi hos addat ad annos.
         Dolorem ENGELL. VR.
        levi hoc scramine lenire ellaborant
ILLUSTRIS SENATUS NORICI Alumni.

XLIII.

So wett verbind das Band der Eh' die beyden Hertzen/
daß nichts sie trennen kan/ als nur des Todes Macht/
er leid kein Widerred/ das Böses wird verache.
Von ihm/ erfraget nicht/ ob es uns bringe Schmertzen/
wann er uns das hinrafft/ was unsre Seele liebet.
  Kommt seine Stund heran/ so müssen wir fortgehn
  den Weg/ den er uns zeige/ doch ist uns wol geschehn.
Was ists dann/ daß der Tod so hefftig uns betrübet?
Gott führt auff solche Weiß die seinen zu dem Leben/
  und schleust den Himmel auff; er rufft die fromme Seel
  aus ihrem schwachen Haus/ aus ihres Kerckers Höl/
und nimmt das jene weg/ was er den Leib gegeben.
So hat auch Gott von Euch/ diß/ Selge Frau/ genommen/
  was nur das seine war/ was er Euch hat verborgt/
  Hat er gefordert ab. Bey Gott ist wol verforgt
die Himmels-volle Seel. So machts Gott mit dem Frommen!
Wir gönnen Euch die Ruh'; Ihr habt den Lohn erworben
  wornach ihr hier gestrebt. Es bleibet euer Ruhm/
  dem Hertzen eingesenckt/ des Lobes Eigenthum
lebt noch nach Eurem Tod/ drumb bleibt ihr ungestorben.

Der Seligverstorbenen zu schuldigsten Ehren/ und bezeugung
seines mitleidigem Gemüthes/ saget dieses bey

M. Johann Wilhelm Reinsperger.

XLIV.

Ist etwas auff der Welt/ so billich zu beklagen;
Die ists der Unbestand: von dem man wol kan sagen/
  daß ausser ihme nichts allhier beständig sey.
  Ein jeder wird unschwer in dem mir stimmen bey.
Das Auge dieser Welt darff sich kaum zu uns wenden:
so ist es wider hin. Man sieht an allen Enden
  des Unbestandes Bestand: Auch unser Lebenszeit
  ist gleichsam ein Entwurff der Unbeständigkeit

So muß man offtermals nicht ohne Leid erfahren /
wie mancher dieser Welt in seinen besten Jahren
 hat gute Nacht gesagt; und also auch bezeuget /
wie unser Leben sey zum Unbestand geneigt.
Gesetzt daß einer gleich des Nestors Jahr erreiche /
so wird er endlich doch zu einer blaichen Leiche /
 und macht durch seinen Tod je mehr und mehr bekand /
 daß nichts beständig sey / als nur der Unbestand.
Der Ehverlobten Treu / so man mit recht kan nennen
den allerstärckesten Bund / wann solche pflegt zu trennen
 des Menschenwürgers Grimm / gibt diese nicht an Tag /
 genugsam / was bey uns der Unbestand vermag?
Ja! Eben dieses ists / so Dir dem Herr verletzet /
und in den Trauerstand unlängsten Dich gesetzet /
 Du Hochgepriesner Mann / da dir dein Ehgemahl
 des Lebens ärgster Feind / so früh / ach leider! stahl.
Es scheinet wol zu früh / wann man genau betrachtet
die Gaben / welche man an ihr hat hoch geachtet /
 und billich nun betraurt ; bevorab ihren Fleiß /
 so man auch nach dem Tod nicht gnug zu rühmen weiß.
Jedoch wann man bedenckt den Lauf der Zeit und Jahren /
nach welchen sie allhier viel Ungemach erfahren /
 wann man den guten Tausch / den sie gewechselt / siehet /
 hat sie vielmehr den Tod zu spat zu ihr bemühet.
Es wunsche ein jeder ja behend / was er begehret:
Und wann nach Hertzens Wunsch sein Wollen ist gewähret
 wird solches / so es lieb / gewießlich ihme nie /
 wie frue es immer ist / ankommen seyn zu früh.
So war es auch bewand mit der verblichnen Frauen
die ihren Heyland längst verlanget anzuschauen:
 als welchem sie bereit im Glauben zugethan /
 und nunmehr Freuden voll Persöhnlich siehet an.
Sie lebt jetzt wol vergnügt mit süsser Ruh umgeben /
und wünsche Dir / Theurer Mann / noch viel ein längers Leben /
 als sie gelebet hat / damit dein treuer Fleiß
 dich krone mehr und mehr mit wolverdientem Preiß!

Sein mittleidiges Gemüth gegen seinem Hochgeehrten H. Praeceptori und grossen Beförderer
zu bezeugen / hat dieses aus höchstobliegender Schuldigkeit aus Anverff übersenden wollen

M. Justus Jacobus Müller.
Grab,

XLV.
Grabschrifft.

Steh' Wandersmann/ steh' still! laß Thränen-Bäche lauffen:
Alhier liegt eingesenckt in diesem Erden-Hauffen
   Ein Tugendreiches Weib/ das ihre Mildigkeit
   Und Treue deß Gemühts gezichret alleseit.
O Tod/ du Menschenfeind! Hat dich dann nicht verhindert
Ihr reine Gottesfurcht? Hast du dannoch geminderet
   Ihr frohe Lebens-Tag? O hättest du betracht
   Ihr hochbegabte Seel! Sie wäre nicht gebracht
In diese finstre Krufft. Ach! die/ so hätte können
Der Welt noch nutzbar seyn/ muß jedermann nun nennen
   Ein tod-verblaßtes Bild. So geh'ts / O Wandersmann
   Der Tod schont keines nicht: Er sey gleich angethan
Mit Purpurreicher Zierd; mit Weißheit angefüllet;
Mit Klugheit wolbegabt; Er wird doch eingehüllet
   In seines Grabes-Höl. O Lebens Eitelkeit!
   Hier lerne/ wie du dich zum Sterben machst bereit.
Dann ja kein Künstler wird in diesem Rund gefunden/
Der da verhindern kan des schnellen Todes Stunden!
   Wol unterdessen dem/ der hier recht seelig stirbt/
   Und ihm für diese Zeit die ewig Freud erwirbt!
Folg dieser Seele nach; so wirst du auch erlangen
Die unverwelckte Cron/ in der sie jetzt wird prangen
   Auff ewig ewig hin. Hab acht auff deine Sach/
   Der grimme Sensenmann schleicht dir auch stetigs nach.
       Aus höchst-verpflichter Schuldigkeit hat diß hierbey fügen wollen
              M. Henricus Greyfsich. Norimb.

XLVI.

Siccine post varios casus, post tot mala vitæ,
  Dilherri suavem Morta rapis Sociam?
Dilherri nostri, qui Magna Columna Sionis
  Atq; Scholæ nostræ fax micat Egregia!

Et precor æternum Patrem, ut sua viscera cordis
Exserat, & luctûs sit medicina tui;
Utq́; tuum jubeat pectus, post nubila, solem
Lætitiæ radiis irradiare novis!

Debitæ Observantiæ & Condolentiæ ergò ponebat
Johannes Schram.

❦ XLVII. ❦

Tempora temporibus cum sint pejora futuris,
Quis se servaret, dubiâ si forte liceret,
Fatalis vita fatalem tangere finem!
Cum paries nutat, cum fundamenta revelat
Dejectum tectum, crepitantia fulcra vacillant;
Tum domus ista ruit: sic cælum terraq́; mundi
Certis interitum signis monstrare videntur.
Hinc non lugendos solitô nec more dolendos
Duco, latanti claudentes lumina vultu,
Ne videant, quicquid justissima vindicis ira
Supremi statuit mundanis. Plaudite justi,
Qui Salvatoris doctrinam carne neglectâ,
Sub cruce per vitam constanter corde probastis.
Namq́; venit recreans vivo de fonte Sionem,
Nulla quam specie tepidi potuere liquores
Ossis permixti medicatu fallere. Faxit,
Omnia qui solus, qui singula cernit & audit
In cunctis, memores ut mortis, linquere nostram
Discamus vitam: vitam, quam morte subactâ
Vita vitalis reparator vivere jussit,
Istam constanter firmatâ mente sequamur.

Pro filiali hæc observantiâ
debuit
❧ Johannes Albertus Heigel.
Tröstlich

XLVIII.

1.

Ps. 41,1,2,3,4.

Köstlich Gottes Geiste rühmet/
Durch des Königs Davids Mund:
Wer der Armen sich annihmet/
den will Ich/ zu aller Stund/
retten/ und / im Leben hier /
Glücke geben/ für und für.

2.

Ja! er soll auch MIR nicht kommen
in den Willen seiner Feind.
Weil er offt sich angenommen
Armer / und so gut gemeint:
Will ICH schicken MEINE Gnad /
Ihn zu stärcken / früh und spat.

3.

Ach!, wer hat genug gepriesen/
Werthe Frau! die Gütigkeit/
Die Ihr Armen habt erwiesen /
in so mancher schweren Zeit:
Da nichts war / denn Krieg und Plag /
und nur lauter Angst und Klag?

4.

Ist auch wohl ein Tag verflossen/
da der trübe Armut-Stand
hätte nicht viel guts genossen /
von der treu-und milden Hand?
Nein! ich selbst bekenne frey:
Keiner nie vergangen sey.

5.

Darum als der HERR vom Himmel/

6.

Ließ Er dennoch Euch nicht stecken/
in so mancher grossen G'fahr;
sondern gab/ nach vielen Schrecken/
Heil und Segen/ sechszig Jahr:
daß Euch mancher Potentat
Gnad und Ehr erzeiget hat.

7.

Letzlich/ als Ihr sollt abrücken/
von dem bösen Welte-Meer:
ließ sich JESUS Euch erblicken/
schon/ mit seinem Engel-Heer;
und holt Euch/ so sanfft und still
Himmel auff: da Freud die Füll.

8.

Nun! wer solte nicht Seelig nennen
Euch/ O werthe Tugend-Cron!
Seelig/ müssen wir bekennen/
ist/ den führet GOTTES SOHN
in das himmlisch Paradeiß.
JESU! führ uns gleicher weiß!

Also beweinet/ aus Christlichem Mitleiden und schuldiger Danckbarkeit/ der Sel. verstorbenen Frau Predigerin/ als seiner grossen Gutthäterin/ sanfft und stillen Hintritt

Nicolaus Nothelffer.